环境税规制污染问题理论前沿

周志波　吴钰菲◎著

The Theoretical Frontier of Pollution Regulation by Environmental Taxes

图书在版编目（CIP）数据

环境税规制污染问题理论前沿/周志波，吴钰菲著. —北京：经济管理出版社，2019.3
ISBN 978-7-5096-6440-7

Ⅰ.①环… Ⅱ.①周… ②吴… Ⅲ.①环境税—研究—中国 Ⅳ.①F812.424

中国版本图书馆 CIP 数据核字（2019）第 047007 号

组稿编辑：胡 茜
责任编辑：胡 茜 姜玉满
责任印制：黄章平
责任校对：陈 颖

出版发行：经济管理出版社
（北京市海淀区北蜂窝 8 号中雅大厦 A 座 11 层 100038）
网 址：www.E-mp.com.cn
电 话：（010）51915602
印 刷：北京玺诚印务有限公司
经 销：新华书店
开 本：720mm×1000mm/16
印 张：10.75
字 数：163 千字
版 次：2019 年 7 月第 1 版 2019 年 7 月第 1 次印刷
书 号：ISBN 978-7-5096-6440-7
定 价：49.00 元

前　言

环境保护税又称环境税或环保税，是一系列旨在保护生态环境的税收制度的总称。自20世纪90年代起，发达国家陆续实施环境税改革，建立环境税制度，在污染规制领域取得了较好的成效，拉开了世界各国“绿色税制”改革的序幕。自2018年1月1日起，《中华人民共和国环境保护税法》《中华人民共和国环境保护税法实施条例》同步施行，标志着我国环境保护税制度的正式建立，也是我国环境税改革的破题之举。环境保护税制度是我国推进生态文明建设，打造“美丽中国”的重要制度供给，对于推动经济结构调整和发展方式转变具有重要意义。环境保护税的开征，让环境税改革再次成为理论界和实务界的关注焦点。因而，有必要对环境税改革相关的既有理论文献进行深入的梳理，促进以理论指导实践，以实践激发研究，并借鉴吸收国外环境税改革的先进经验，完善我国的环境保护税制度和政策，更好地让环境保护税服务生态文明建设。这也是本书研究的出发点和立足点。

本书一共分为六章。第一章为导论，以环境税改革“双重红利”假说为线索，主要介绍环境税规制污染问题相关研究涉及的基本概念、理论基础及历史脉络。第二章为环境税规制点源污染问题相关研究的综述，主要以市场结构为线索，围绕“双重红利”假说，分析相关理论研究成果。第三章为环境税规制点源污染问题实证研究的最新进展，以CGE实证方法为主线，梳理环境税规制点源污染及“双重红利”假说相关的文献。第四章为环境税规制面源污染问题的理论前沿问题，主要围绕环境税规制农业面源污染相关研究，综述该领域最新的研究方法、研究结论、研究应用等。第五章为环境税规制污染问题的政治经济学研究前沿，重点梳理总结了环境税改革政治可行性方面的研究文献。第六章为环境税规制污染问题研究的评述和政策建议。

本书是国家社科基金项目“不同市场结构下我国环境税效应研究”（批准号：13BJY149）、重庆市社会科学规划（培育）项目“环境税‘双重红利’效应研究”（批准号：2013PYYJ16）、西南大学中央高校基本科研业务专项资金项目“环境税防控农业面源污染机制研究”（批准号：SWU1509307）的阶段性研究成果。写作分工如下：第一章、第三章、第六章由周志波、吴钰菲撰写；第二章、第四章、第五章由周志波撰写。

鉴于理论研究水平有限，阅读的文献可能存在遗漏，我们仅能就已知的研究文献做出梳理、总结和评述，并结合税收工作实践对国家环境税改革的深化和环境经济政策的完善提出一些浅薄的意见。疏漏之处，在所难免，欢迎专家学者批评指正。

周志波
2019 年 3 月

目　录

第一章　导论

【内容提要】从西方发达国家最近几十年的成功经验来看，环境税在点源污染的治理中发挥了重要的积极作用，取得了一系列的理论和实践成果，并上升为国家环境经济制度；同时，环境税在面源污染的规制中也在发挥着越来越重要的作用，美国等发达国家已经将相关制度应用于农业面源污染规制的实践中，相关的理论研究也积累了丰富的成果。规制污染问题，需要加强顶层设计，创新制度机制。环境税如何才能在点源和面源污染两大领域发挥制度优势，助力供给侧结构性改革，有效治理污染问题，这是摆在世界各国面前的一大课题。环境税制度的创新和发展，既需要政策实践的检验，也需要理论研究的总结，这也是本书的研究目的。本章将对研究背景、相关概念界定、相关理论基础和研究脉络等做一简要概述，为后续章节的论述做铺垫。

【关键词】环境税；税制改革；污染规制；研究脉络

一、研究背景

党的十八大以来，中央对“四个全面”战略布局和“五位一体”总体布局做了重大部署。党的十九大进一步对加快生态文明体制改革，推进绿色发展，做了明确部署，这对创新生态文明建设的制度供给提出了新的要求。自 2018 年 1 月 1 日起，《中华人民共和国环境保护税法》《中华人民共和国环境保护税法实施条例》同步施行，标志着我国环境保护税制度的正式建立。环境保护税制度是我国推进生态文明建设，打造“美丽中国”的重要制度供给，对于倒逼高污染、高耗能产业转型升级，助力供给侧结构性改革，推动经济结构调整和发展方式转变，具有重要意义。环境保护税的开征，让环境税改革再次成为理论界和实务界的关注焦点。因而，有必要对环境税改革相关的既有理论文献进行深入的梳理，促进以理论指导实践，以实践激发研究，并借鉴吸收国外环境税改革的先进经验，完善我国的环境保护税制度和政策，更好地让环境保护税服务生态文明建设。

有关环境税的研究最早可以追溯至福利经济学家鼻祖 Pigou 对环境负外部性行为征税的相关理论，此后很长一段时期内，有关环境税的研究一度陷入停滞状态。直到 20 世纪 60 年代末 70 年代初 Kneese 等对水资源税收问题的研究，再度引发了理论界对环境税相关研究的热情。特别是西方发达国家 20 世纪八九十年代开启的环境税改革，为环境税理论的研究提供了源源不断的实践检验，让该领域的文献迅速增多，并取得了丰富的成果。有关环境税理论的研究，主要集中在环境税效应的论证和检验方面，并且与“双重红利”假说高度相关。早期的相关研究更多地关注点源污染的规制问题，主要采用数理建模分析的研究方法，而后期的研究越发关注面源污染的规制问题，越来越多地采用 CGE 模型、实验经济学等研究方法。因此，从总体上而言，有关环境税的研究呈现“先理论后实证、由点源及面源”的基本特征，重点关注环境税改革的效应分析及如何设计合意的环境税制度机制等问题。本书将按照“先点源后面源、先理论再实证”的顺序，对环境税规制污染问题的效应进行一个比较系统的综述。在正式进入综述之前，本章将对环境税研究的相关理论术语、研究脉络等做一简要概述。

二、相关概念界定

（一）环境税与环境税改革

1. 环境税

随着可持续发展理论得到国际社会日益广泛的认同，环境保护问题备受各国政府的重视。税收作为政府用以调节社会经济生活的一种重要工具和手段，在保护环境方面发挥着越来越重要的作用。一些经济发达国家由于在经济发展过程中曾饱受环境问题的困扰，率先尝试将税收用于环境保护，并收到了较好的效果。鉴于发达国家在经济发展进程中已经取得的经验和教训，世界银行的有关专家建议发展中国家“针对环境的破坏征收环境税”。实际上，许多发展中国家已经开始将保护环境作为其税制改革的一个重要政策目标。一个以纠正市场失效、保护环境为政策目标的新的税收类别——环境税正在悄然兴起。

环境税（Environmental Taxation），也有人称之为生态税（Ecological Taxation）、绿色税（Green Tax），是 20 世纪末国际税收学界才兴起的概念，至今没有一个被广泛接受的统一定义。它是把环境污染和生态破坏的社会成本，内化到生产成本和市场价格中去，再通过市场机制来分配环境资源的一种经济手段。简而言之，环境税就是一类旨在实现环境政策目标的税收制度的总称。

由于国情和税收政策的差异，各国环境税收制度的具体内容不尽相同，但其基本内容通常都由两个部分所构成：一是以保护环境为目的，针对污染、破坏环境的特定行为课征专门性税种，一般称之为环境保护税，它是环境税收制度的主要内容。例如，荷兰的燃料使用税、废物处理税和地表水污染税，德国的矿物油税和汽车税，奥地利的标油消费税，部分经济合作与发展组织（OECD）成员国课征的二氧化碳税以及噪音税等。二是其他一般性税种中为保护环境而采取的一种税收调节措施，包括为激励纳税人治理污染保护环境所采取的各种税收优惠措施和对污染、破坏环境的行为所采取的某些增加其税收负担的措施。在环境税收制度中，后者通常是作为辅助性内容而存在，配合专门性环境保护税发挥作用的。

2. 环境税改革

所谓环境税改革，也称“绿色税收改革”，以保护环境、合理开发利用自然资源，推进绿色生产和消费为目的，建立保护生态环境的“绿色”税制，从而保持人类的可持续发展的税制改革。环境税改革的核心措施就是，新开征一种旨在保护环境的税收，或者在已有的税制中增加有利于环境政策目标实现的政策措施。

20 世纪五六十年代，西方发达国家出现了严重的环境污染危机，引起了人们对环境保护工作的极大重视。1973 年，欧共体公布了第一个环境领域的行动规则，指出，应当仔细分析环境政策中可利用的经济手段，分析不同手段所具有的不同作用、实施这些手段的利弊、实施预定目标的相对目的以及它们与成本分配规则的协调情况。1975 年 3 月 3 日欧共体理事会又提出，建议公共权利对环境领域进行干预，将环境税列入成本，实行“污染者负担”的原则。

20 世纪 80 年代以来，经济合作与发展组织（OECD）就这个问题做了大量的工作，发表了第一份关于利用经济手段保护环境的报告。此后十几年里，尤其是九十年代初期以来，经合组织成员国在环境政策中运用经济手段得到了很大的发展。在这些经济手段中，环境税的运用得到越来越广泛的支持。欧美一些国家通过改革调整现行税制，对环境有污染的行为开征环境税（包括废气税、水污染税、固体/液体废物税、噪音税），对有利于环境改善的行为实行税收优惠政策等，使税收对改善环境做出了较大的贡献。据经合组织的一份报告显示，美国对损害臭氧层的化学品征收的消费税大大减少了在泡沫制品中对氟利昂的使用，汽油税则鼓励了广大消费者使用节能型汽车，减少了汽车废弃物的排放。20 世纪

90 年代，虽然美国汽车使用量增加，但其二氧化碳排放量却比 20 世纪 70 年代减少了 99%，而且空气中的一氧化碳减少了 97%，二氧化硫减少了 42%，悬浮颗粒物减少了 70%。通过实施环境税收和其他努力，美国确实已经实现了环境状况的根本好转，环境质量明显提高。因此，人们把以环境保护为目的而采取的各种税收措施形象地称为“绿色税收”。

（二）环境税效应与“双重红利”假说

有关环境税效应的研究往往涉及“双重红利”这一概念。为了便于论述，首先对环境税效应、“双重红利”等概念做一个界定。

1. 环境税效应

环境税效应，是指实施环境税改革之后，环境税制度对环境、经济、效率、收入分配等各个层面各个方面的影响。从总体上看，环境税效应分为环境效应和非环境效应两个层面，包括环境税的环境效应、效率效应（也称经济效应）和公平效应（也称社会效应）。环境税效应与“双重红利”概念高度相关。

2. “双重红利”

“双重红利”效应，也称“双重红利”假说，是指环境税的环境效应和非环境效应都是积极的。如果环境税对环境质量具有积极作用，则具有了“环境红利”（此为“第一重红利”）；如果环境税能够提高经济效率，甚至促进就业和经济增长，提升社会公平正义，那么环境税就具有了“非环境红利”（此为“第二重红利”）。按照第二重红利的性质和效果，“双重红利”具体又可分为弱式双重红利、强式双重红利、福利双重红利、就业双重红利、增长双重红利、收入分配双重红利等。弱式双重红利是指，如果环境税的收入用于其他扭曲性税种的减税能比用于一次总付税（lump sum tax）返还更有效率，那么环境税就存在“弱式双重红利”效应，它强调环境税收入用于减轻其他扭曲性税种税负与进行一次总付税返还之间的福利差别。强式双重红利是指，环境税在改善环境的同时还提高了扭曲性税制的效率，降低了社会成本。福利双重红利①是指，环境税能够在改善环境的同时提高社会整体福利。就业双重红利是指，环境税在改善环境的同时能够促进就业增加，缓解失业问题。增长双重红利是指，环境税在改善环境的同时，还能通过减轻税制扭曲效应，促进社会生产效率，从而促进经济增长。此外，环境税的公平效应主要涉及环境税的税负效应和分配效应等，前者主要是指环境税税负的转移和归宿以及环境税的累进性或累退性，后者主要涉及环境税对收入、福利的横向分配效应和纵向分配效应。

（三）点源污染和面源污染

根据污染源的特征，环境污染可分为点源污染与面源污染②。

点源污染，是指有固定排放点的污染源，在数学模型中常用一点表示以简化计算，如工业废水及城市生活污水，由排放口集中汇入江河湖泊。面源污染则没有固定污染排放点，如没有排污管网的生活污水的排放。点源污染，是由可识别的单污染源引起的空气、水、热、噪声或光污染。点源具有可以识别的范围，可将其与其他污染源区分开来。由于在数学模型中，该类污染源可被近似视为一点以简化计算，因此被称为点源。美国环保署（The U. S. Environmental Protection Agency）将“点源污染”定义为“任何由可识别的污染源产生的污染，‘可识别的污染源’包括但不限于排污管、沟渠、船只或者烟囱”。

面源污染，又称非点源污染，主要由地表的土壤泥沙颗粒、氮磷等营养物质、农药等有害物质、秸秆农膜等固体废弃物、畜禽养殖粪便污水、水产养殖饵

① 有关福利双重红利的研究，多数情况下与其他几种双重红利的研究发生了交叉，可以归入到其他几种双重红利效应的研究中去。实际上，一些文献将福利双重红利归入环境税的经济效应中，而另一些文献将其归入环境税的社会公平效应中，这主要取决于“福利双重红利”中的福利红利的基础。

② 对水污染而言，点源污染主要包括工业废水和城市生活污水污染，通常有固定的排污口集中排放，非点源污染正是相对点源污染而言的，是指溶解的和固体的污染物从非特定的地点，在降水（或融雪）的冲刷作用下，通过径流过程汇入受纳水体（包括河流、湖泊、水库和海湾等）并引起水体的富营养化或其他形式的污染（Novotny and Olem，1993）。美国清洁水法修正案（1977）对非点源污染的定义为：污染物以广域的、分散的、微量的形式进入地表及地下水体。这里的微量是指污染物浓度通常较点源污染低，但面源污染的总负荷却非常巨大。

料药物、农村生活污水垃圾、各种大气颗粒物沉降等，通过地表径流、土壤侵蚀、农田排水等形式进入水体环境所造成，具有分散性、隐蔽性、随机性、潜伏性、累积性和模糊性等特点，因此不易监测、难以量化，研究和防控的难度大。面源污染溶解的以及固体的污染物从非特定的地点，在降水（或融雪）的冲刷作用下，通过径流过程汇入受纳水体（包括河流、湖泊、水库和海湾等）并引起水体富营养化或其他形式的污染。面源污染有广义与狭义两种理解，广义是指各种没有固定排污口的环境污染，狭义通常限定于水环境的面源污染，即与降水过程伴随产生的地表径流污染。

三、环境税规制污染问题的相关理论

（一）负外部效应理论

这种理论是在英国经济学家庇古为解决环境负外部性而提出的环境污染税理论的基础上发展起来的。庇古早在1920年的《福利经济学》一书中就提出“外部成本内在化”的经济外部理论。他认为，工厂的私人生产成本并不包括生产时污染造成的外部成本，私人成本和外部成本之和则构成了社会成本。从社会的角度看，要实现社会净收益最大化，最优产出量必须在私人边际收益等于社会边际成本的点上。企业为了追求利润最大化，必然会按照边际收益和不包含边际外部成本的边际私人生产成本的交点来决定产量。这样的产量必然大于考虑了外部成本时的产量，这样就导致了社会效率的损失，并产生了环境负外部效应。

以解决环境负外部性的理论为基础，庇古提出要开征环境税（也称“庇古税”），通过征收庇古税（环境污染税）将他造成的外部性成本加入到生产成本中去，迫使企业考虑到污染对社会的危害，使社会产出量在边际私人收益等于边际社会成本的有效产出量上，也使产品的价格等于边际社会成本，以达到社会资源的最优配置。

庇古税理论为开征环境污染税提供了很好的数量上的计算依据。即理论上征税税率应等于最优产出时的污染造成的边际外部成本。将这种环境负外部性理论扩展到自然资源的使用上，考虑微观主体对资源、环境的运用会对未来和后代产生损失或机会成本，即资源减少、环境污染和生态失衡，从而构成外部不良经济，也应当通过征收环境资源税的方式使资源使用的外部成本内在化。

（二）自然资源和环境的公共资本品理论

这种观点把自然资源和环境看作公共产品，且和其他生产要素一样，它也是一项资本品。其具有的不可分割性导致产权主体难以界定，使每个人都可以自由地进入产权并对其进行利用，而追求私利的个人会无节制地争夺利用有限资源，这样必然导致人们滥用资源、环境恶化。当出现环境污染问题时，又因无产权主体无人承担责任。因此，应该由政府代表社会作为环境和自然生成的资源的产权主体，在向社会提供着它独特的公共环境、资源和服务时，作为一项自然资本以征集环境税的形式得到相应的资本权益，从而从经济利益上建立起保护环境和资源的机制。此外，环境保护提供的产品和服务也具有公共产品的性质，很难排他地消费。这将导致环境保护中的搭便车问题，征税则解决了公共产品的付费问题。

（三）可持续性发展理论

绝大多数环境主义者认为，环境和自然资源是有限且有价值的，要求人们在经济发展过程中，使自然资源和环境不发生存量下降和其他类型的损失。从可持续性原则出发，对环境和自然资源的利用必须考虑带给他人的损害成本和给后代带来的机会成本，即考虑代际资源配置和代际公平，并使之得到经济上

的补偿。政府作为当代人和后代人利益的共同代表行使对环境资源的所有权来对环境和自然资源的利用征税，并将环境税收入的一部分作为代际补偿的基金来源。

四、环境税规制污染问题的研究脉络

有关环境税规制污染问题的研究，在理论发展的脉络方面体现出以下几个方面的特征：

（一）从研究对象上看，由点源污染问题向面源污染领域延伸发展

从人类社会的发展进程看，社会经济的支柱发生了明显的迭代变化过程。在人类社会发展的早期，人类最基本的需求是生存，生存所需的最基本的资料是食物，因而农业（牧业）成为了社会经济的支柱产业。在相当长的一段历史时期，人类的生产活动都处于比较原始的初级阶段，即便游牧民族的大量放牧也没有对生态环境造成无法逆转的污染问题，整个社会也无须对自然环境的破坏做出生态补偿。随着人类进入近代历史，工业革命的发展带来了工业生产的繁荣，资本主义的蓬勃兴旺驱动了工业经济的快速发展，但与此同时也带来了比较严重的环境污染问题，这些问题已经给人类的生产生活环境造成了不可逆转的破坏。如何对生态环境的过量承载做出补偿，减缓人类活动对环境的破坏，成为摆在各国面前的重要课题。此后，全球经济经历多轮产业革命，各国产业呈现多元化发展特征，工业、农业、服务业都成为污染的重要来源。工业造成的污染通常是点源污染，比较典型也相对集中，农业、服务业造成的污染很大一部分是面源污染，比较分散也难以监管。因此，学术界关于环境税规制污染问题的研究，总体上呈现由点源及面源的基本特征。最初有关环境税的研究，一般都关注由于工业化带来

的污染排放问题，尤其是水资源的污染问题，这些污染大多属于有固定排放点、比较集中的点源污染；此后，相关的研究将关注的问题逐步向面源污染领域拓展。

（二）从研究范式上看，由规范研究向实证分析深化

关于环境税规制污染问题的研究，最初源于庇古对外部性问题提出的庇古税理论，其基本的研究框架限于新古典经济学的外部性成本—收益分析，比较关注“应该怎么样”这一问题，偏重于规范研究范畴。以庇古税理论为逻辑起点，经过 Kneese（1980）等的总结完善，有关环境税规制污染问题的研究逐渐向“双重红利”假说聚焦，此后越来越多的文献沿着“双重红利”这一主线展开研究，并积累了越来越丰富的理论成果，为环境税理论的发展奠定了比较坚实的基础。在进行规范性分析的同时，一些经济学家开始尝试对更为具体的环境税制度构建数理模型和计量模型，并利用经济运行的数据进行实证检验，推动了该领域实证研究的快速发展。特别是，在 20 世纪 90 年代初期，CGE 模型的引入为环境税规制污染问题的研究打开了“一扇新的窗户”，越来越多的研究开始关注实证问题。

（三）从研究方法上看，由数理方法向实证方法发展

关于环境税规制污染问题的研究，其方法的应用与经济学作为一门科学的发展进程高度相关。从总体上看，一些比较高级的经济学分析方法被不断地应用于环境税规制污染问题的研究之中。在环境税研究早期，相关文献由于缺乏比较系统的理论和精确的分析手段，主要采用定性分析或“定性 + 简单定量”的数理分析方法，应用得最多的还是局部均衡分析法，很少涉及数据模拟或计量分析的内容。随着计量经济学的蓬勃发展，有关环境税理论的研究大量引入计量分析方法，将一些定性的理论实现定量化分析，并且计量分析方法越来越复杂，包括空间计量等方法。同时，在数理经济学方面，CGE 模型的运用也促进了环境税理论

的研究，这一方法的运用基本遵循“由静态 CGE 到动态 CGE”的发展路径。此后，一些学者发现，相关研究十分注重数理模型的逻辑推导，存在过度理论化的问题，并开始采用实验经济学的方法研究环境税和罚款规制农业面源污染的相关问题。事实上，很多学者认为，实验经济学的发展为面源污染规制问题的研究提供了新的工具和方法，使相关研究进入了一个新的阶段。

第二章　环境税规制点源污染理论前沿

——基于市场结构的研究

【内容提要】对环境税的研究始于庇古提出的“庇古税”。自20世纪90年代OECD国家纷纷实施环境税改革以来，关于环境税效应的文献大量出现。这些研究围绕点源污染的环境经济规制问题，高度关注环境税改革的政策效应以及合意的环境税制度设计等，沿着“双重红利”假说的理论主线，就环境税的效应进行了持续深入的分析。最初的研究大多是基于完全竞争市场框架，之后劳动力市场和产品市场中的不完全竞争因素被逐渐引入环境税效应的研究，同时博弈论以及信息经济学也融入了环境税效应的研究。已有的文献表明，不同市场结构对环境税的效应具有重要影响。本章拟从社会核算的视角对不同市场结构下环境税效应的研究做一个文献综述。

【关键词】环境税效应；双重红利；市场结构

一、完全竞争市场结构下环境税效应的研究

（一）完全竞争市场下环境税的环境效应和经济效应

关于环境税环境效应和经济效应的研究，主要集中在“双重红利”假说上。

“双重红利”假说又主要分为弱式双重红利说、强式双重红利说、就业双重红利说、增长双重红利说四个方面（刘晔、周志波，2010；刘晔、周志波，2015）。

1. 弱式双重红利

在早期的文献中，弱式双重红利得到普遍验证，实证研究几乎都支持弱式双重红利（Terkla，1984；Goulder，1995；Repetto and Austin，1997），这也成为OECD 国家政府积极推动环境税改革的最初理论支持。弱式双重红利成立的理论逻辑在于：环境税改革可以为政府筹集资金，将环境税收入用于扭曲性税收的减税，可以减轻经济中的扭曲，提高经济效率。换言之，能够筹集收入的环保政策总是优于不产生收入的环保政策。随着一般均衡模型的发展，Håkonsen 和 Mathiesen（1997）、Honkatukia（1997）等将 CGE 模型引入到环境税效应的研究，使得对弱式双重红利的研究进入了新阶段。从已有的文献来看，引入 CGE 模型以后，理论方面的规范研究倾向于肯定弱式双重红利（Håkonsen and Mathiesen，1997），而经验方面的实证研究又往往对此持否定看法。

近年来对弱式双重红利提出质疑的文献，主要集中在两个方面：一是环境税改革可能反而导致环境质量恶化，从而环境红利不存在。如 Glomm，Kawaguchi 和 Sepulveda（2008）在一个动态 CGE 模型中对美国经济进行校准，发现将提高汽油税获得的收入用于资本所得税减税时，较高的汽油税有利于环境质量的改善，较低的资本所得税会鼓励消费和资本积累；但在新的均衡状态下，环境质量会由于消费增加而使得污染排放也增加，从而环境质量可能在两种相反力量的作用下更加恶化。二是环境税改革将环境税收入用于扭曲性税收减税，可能并不比用于一次总付税返还具有更高的效率，从而效率效应不存在。如 Metcalf，Babiker 和 Reilly（2004）在一个简单 CGE 模型中的研究表明，由于经济中存在许多已有的扭曲，政府必须精确地选择恰当的环境税税率和减税税率才能保证结构性减税的效果比总量税返还更有效率，但政府往往很难准确把握税率的精确水平。同时，他们由此提出了弱式双重红利成立的条件：如果环境税收入用于缩小两种扭曲性税种的级差时，弱式双重红利存在；但是如果经济中存在多种扭曲时，弱式双重红利不一定存在。

2. 强式双重红利

强式双重红利在早期的很多文献中得到支持（Pearce，1991；Goulder，1995）。特别是对北欧国家环境税改革的研究，大多表明强式双重红利成立，这可能由于北欧国家劳动市场扭曲性大，用环境税收入为劳动所得减税所获得的经济收益远远高于改革的成本。Bye（2000）和 Gørtz（1999）分别研究了挪威和丹麦的碳税改革，发现碳税由于显著减轻了劳动税收扭曲而获得强式双重红利效应。这个结论验证了 Håkonsen 和 Mathiesen（1997）的研究。

但是，环境税领域的一些主流经济学家（Bovenberg and Goulder，1996；Bovenberg and Mooij，1994a，1994b；Parry，1995）则对强式双重红利提出质疑。他们指出，很多研究忽略了“税收反馈效应”（tax – interaction effect）：环境税的征收会提高产品生产成本和价格从而加重现存的劳动税收扭曲（通过降低劳动供给到其最优水平以下），并产生更多的超额负担，由此导致其损失远远超过收入返还的收益。因此，环境税并不存在强式双重红利效应。此后，相关研究对强式双重红利的支持力度逐渐减弱，很多研究表明强式双重红利只有在特定的条件下才成立。如 Takeda（2007）发现，如果环境税收入用于劳动所得税或消费税的减税计划，强式双重红利不成立，但如果环境税收入用于资本所得税减税，强式双重红利成立，这可能由于日本资本所得税的扭曲程度远远高于劳动和消费税收。Bor 和 Huang（2010）研究了中国台湾能源税改革的效应，结果表明，如果能源税改革是“收入中性”的并且能源税收入用于所得税减税时，能源税能够在改善环境的同时，促进投资和消费并减轻经济中的税收扭曲；但政府的配套措施如果只是用于政府支出，那么能源税改革的强式双重红利效应会减弱。

3. 就业双重红利

就业双重红利的研究，起源于 20 世纪 90 年代欧美各国为解决就业问题而进行的环境税改革。当时，许多学者认为，如果能将新增加的环境税收入用于工薪税、社保税的减税而实现“收入中性”，那么企业的劳动需求会增加，失业率就会下降。实际上，20 世纪 90 年代初期的相关文献主要考虑环境税对劳动需求方面的影响，因而大多支持就业双重红利（Pearce，1991；Bossier and Brechet，1995）。但如果考虑到环境质量对经济的反馈作用，结论就完全不同了（Bovenberg and Mooij，1994a；Parry，1995），主要原因在于，如果环境质量对于效用函数具有弱可分离性，考虑到环境质量提高之后的“税收反馈”效应，产品价格和成本都会上升，税基遭受侵蚀之后政府不得不提高扭曲性的劳动税收税率，劳动者的实际工资购买力下降，劳动供给降低到最优供给水平之下，因而环境税对就业的效应是消极的。Bosquet（2000）对已有研究的总结发现，环境税收入用于工薪税减税时，其就业促进效应在中短期内不明显，在长期内更是不确定。

在进入 21 世纪之后，研究结果又有了新变化。Goodstein（2002）指出，以往很多研究过分关注环境税改革对劳动供给的影响，即“税收反馈效应”，因而认为环境税不存在就业双重红利效应。但实际上，环境税改革在导致价格和成本上升的同时，也导致了家庭实际收入降低、夫妻间工资替代弹性降低，从而增加了劳动供给，并且这种对劳动供给的积极效应超过了“税收反馈效应”造成劳动供给减少的效应，因此环境税改革具有就业双重红利效应。Heijdra，Koiiman 和 Ligthart（2006）研究表明，如果环境税收入用于劳动所得税减税，环境税改革短期内会取得就业双重红利效应，但这种效应会在环境税率变化的过程中消失。

4. 增长双重红利

内生增长理论的发展为环境税长期增长效应研究和动态分析提供了有力的工具。早期基于 AK 模型的内生增长研究，一般认为环境税不利于经济增长（Huang and Cai，1994；Gradus and Smulders，1993；Ligthart and Der Ploeg，1994）。这些研究实际上都属于短期、比较静态分析的范畴，此后一些研究开始重视动态分析。Ligthart 和 Der Ploeg（1994）将环境视为一种可再生资源，基于线性增长模型分析了计划经济中环境税的动态效应，发现只有环境质量对动态均衡有影响，污染负外部性的提高在长期和短期内都对增长造成不利影响，但对长期的影响更大。Bovenberg 和 Smulders（1996）发现环境主要作为消费品时对短期和长期的经济增长都不利，环境主要作为公共投入品时对短期增长不利[①]。

与此相反，一些主流学者却认为环境税可以促进增长（Bovenberg and Mooij，1994a；Bovenberg and Smulders，1995；Den Butter and Hofkes，1993），但这些研究都以不存在扭曲性税收的“最优环境”为假设前提。Bovenberg 和 Mooij（1997）则基于 Barro（1990）内生增长模型，分析了存在扭曲性税收的“次优环境”下环境税改革的效应。他们发现，环境税改革将税负从产品税转移到环境税，通过两个途径促进经济增长：一是环境质量的提高由于其生产外部性促进了资本的生产效率；二是环境税改革将税负由投资净收益转嫁给利润，减轻了整个税制的扭曲性。很多文献沿着 Bovenberg 和 Mooij（1997）的第一条思路，通过环境质量的外部性来解释环境税的增长效应；这种外部性主要指对生产部门、教育等的生产效率（Byrne，1997）、效用函数或舒适度（Schou，2002）等的影响[②]。此外，一些研究（Nakada，2004；Conefrey，2008）拓展了 Bovenberg 和 Mooij（1997）的第二条思路，突出环境税收入的重要性，通过环境税收入的返还或使用将环境税与经济增长联系起来。

此外，一些后期研究还探索了环境税促进经济增长的其他路径，主要是通过环境税对闲暇、教育和劳动供给等的影响将环境税与经济增长联系起来。Oueslati（2002）将闲暇引入人力资本内生增长模型中，结果发现，短期内，环境税造成产出和消费减少，不利于经济增长并有损福利；但在长期，通过劳动供给弹性增大、家庭用闲暇替代教育、教育形成人力资本等途径促进了经济增长。Grimaud 和 Tournemaine（2007）也发现，环境税税率提高会造成教育的相对价格下降，导致经济主体用教育替代闲暇；而教育的增加不仅仅在短期内提高了效用，还在长期中通过形成人力资本促进了经济增长。同时，一些研究者还考虑到了传

① 但在长期，如果环境主要作为投入品，环境税的提高将促进增长。

② Bovenberg 和 Smulders（1995）基于一个存在消费/资本产品和减排技术研发部门的两部门模型，发现由于环境质量的提高促进了消费/资本产品生产部门的效率，提高环境税税率可能会促进经济增长。Van Ewijk 和 Van Wijnbergen（1994）基于一个修正的 Lucas 两部门模型的研究也发现环境税具有增长效应，其作用机制在于，污染对教育的生产效率具有负外部性，环境税的提高改善了环境质量，从而促进了教育的生产效率，让个人积累更多的人力资本，而人力资本正是推动经济增长的引擎。

统内生增长理论对内生劳动供给的忽略，将内生劳动供给引入环境税增长效应的研究，这些研究也大都支持增长双重红利。Chen，Lai 和 Shieh（2003）在一个 AK 内生模型中引入内生劳动供给因素，发现如果政府用一次总付税为公共减排支出筹资，环境税将促进经济增长。Chen 等（2009）假设劳动—闲暇选择内生决定，并将劳动力分为生产部门劳动力和减排部门劳动力，结果发现环境税很容易获得增长双重红利。

（二）完全竞争市场下环境税的公平效应研究

环境税的公平效应主要体现在两个方面：环境税的税负效应和环境税的分配效应。税负效应又主要体现在两个方面，即环境税的累退性（或累进性）效应与环境税的税负转嫁效应；分配效应则可以分为环境税的横向分配效应（在当代不同群体之间、要素之间的分配等）和纵向分配效应（也称代际分配效应）。

1. 环境税的税负效应

在这方面，争论主要集中于环境税的累进性（或累退性）。有关的研究主要集中在发达国家，这是由于发达国家的环境税改革范围更广泛，并且家庭在燃料（能源）方面的消费水平相对发展中国家而言差别不是那么大，而这又是涉及环境税公平问题的根本所在。

一般的研究都通过计算家庭的能源（燃油）支出在家庭收入中所占的比重来衡量环境税的累退性；如果低收入家庭的能源支出比重超过高收入家庭，那么环境税就具有累退性。这种衡量指标由最早关注环境税累退性问题的 Poterba（1991）提出。按此衡量，通常认为，环境税具有累退性（Smith，1992；IPCC，1996①；Aasness，Bye Mysen，1996；Barde，1997；OECD，1997；Speck，1999；Clinch，Dunne Dresner，2006）。环境税累退性的理论逻辑在于，发达国家家庭对能源的支出主要由交通能源（transport fuels）和生热能源（heating fuels）两部分

---

① 在 IPCC（1996）总结的七项相关研究中，发现四项研究支持环境税的累退性，三项研究认为环境税是比例性的或累进性的。而 IPCC 的研究本身则表明环境税是累退性的。

构成，各个收入阶层的家庭在生热能源上的支出差别不大，但在交通能源上的支出差别较大；交通行业的能源税具有轻微的累进性，但生热能源税具有较强的累退性，因而对能源征收的环境税整体上是累退的。衡量环境税累退性的另一种方法是将环境税视为一种价格，在投入—产出模型中分析消费者的需求反应，如果环境税对低收入家庭的消费影响比对高收入家庭的消费影响更大，那么环境税就具有累退性。此外，基于投入—产出模型，Hamilton 和 Cameron（1994）、Cornwell 和 Creedy（1996）、Brannlund 和 Nordstrom（2004）、Wier 等（2005）、Kerkhof 等（2008）等分别对加拿大、澳大利亚、瑞典、丹麦、荷兰等国家的数据进行仿真、分析，无一例外地都发现碳税具有累退性。

但也有一些研究特别是对地中海沿岸发达国家的研究结果却支持环境税的累进性。Labandeira 和 Labeaga（1999）在一个投入—产出需求模型中计算了西班牙碳税引致的价格变化，并在一个 AIDS 系统（almost ideal demand system）内用西班牙家庭支出数据模拟了消费者反应，并未发现西班牙碳税具有累退性，这与 Symons 等（1997）得出的结论相反。Tiezzi（2005）对意大利 1999 年实施的碳税的福利效应进行了模拟，通过在 AIDS 中用家庭消费数据估计生活费指数和补偿变差，进而计算碳税的福利效应，发现碳税并不是累退的。他认为，这可能是由于碳税的税制设计主要是对交通燃油形成冲击；实际上，发达国家家庭对交通燃油的消费随着收入的增加而提高，而对生热燃料的需求是比较稳定的。Oladosu 和 Rose（2007）在一个 CGE 模型中对萨斯奎哈那河盆地（Susquehanna River Basin）的碳税进行分析，发现经济结构变化、转移支付提高以及利润减少等原因抵消了碳税的累退性，因而碳税具有累进性。对于发展中国家的研究，通常都得出环境税具有累退性的结论。

一些研究在对环境税的累退性进行质疑的同时，也提出了环境税具有累进性的条件。如 Jorgenson 和 Wilcoxen（1993）认为，环境税可能具有轻微的累退性或者累进性，其结果依赖于一些隐含的假设。Barker 和 Kohler（1998）指出，如果环境税收入通过一次总付税返还，可能使得环境税具有轻微的累进性；而 West 和 Williams Ⅲ（2004）关于汽油税的一项研究也表明，汽油税是累退的还是累进的依赖于汽油税是否返还以及返还的方式，这与 Barker 和 Kohler（1998）的结论相似。Bye，Kverdnokk 和 Rosendahl（2002）的研究表明，如果环境税收入平均地返还给家庭，有可能获得累进性。Scott 和 Eakins（2004）利用爱尔兰家庭预算的调查数据对 Scott（1992）和 O'Donoghue（1997）的研究进行了更新，他们推导了家庭对排放 CO_2 燃料的家庭消费模式和每吨 20 英镑的碳税的分配效应。结果表明，由于各个收入阶层家庭对加热燃料的需求差别不大，如果不对家庭进行补贴，碳税就具有明显的累退性。

在环境税的税负归宿和转移问题上，主要研究环境税税负的要素间转移、群体间转移以及跨国转移等。大量研究集中在环境税税负是否由劳动力转移给其他生产要素，如实物资本、人力资本等，或者是转移给转移性支出接受者（如失业者或养老者）。Rapanos（1995）的一项研究表明，在短期中环境税主要由污染行业的资本承担，劳动力承担得相对较少，但获益最多的是非污染行业的资本；而在长期中这种效应的大小取决于资本的相对密集度。Fullerton 和 Heutel（2007）的一项研究指出，如果污染部门是资本密集型的或者劳动相对资本是污染的更好的替代品，那么资本将更多地承担环境税，劳动要素将获得更多的收入。Brannlund 和 Nordstrom（2004）假设瑞典碳税提高一倍，比较分析了碳税收入用于普遍的增值税减税和交通行业的增值税减税的福利效应，结果表明，两种碳税改革都具有累退性，并且后一种改革会造成人口密度小的地区的居民负担更多的税负。还有一部分文献研究环境税负在国际贸易中的转嫁。Kohn（2000）在一个三国的 Heckscher—Ohlin—Samuelson 模型中考察了环境税对国际贸易的影响，结果表明环境税还能在两国之间产生明显的贸易效应，并改变生产成本从而将可能的税收效应转移到第三个国家。

2. 环境税的分配效应

在环境税分配效应方面，主要是指对福利或者收入的分配效应，包括横向分配效应和纵向分配效应（代际分配效应）。Bosello，Carraro 和 Galleotti（2001b）甚至认为，环境税改革的主要效应是收入分配效应。在环境税的横向分配效应方面，很多研究（Metcalf，1999；Mayeres and Proost，2001；Cremer，Gahvari，and Ladoux，2003；Brannlund and Nordstrom，2004；Tiezzi，2005；Larson，2006）认为，如果期望环境税具有收入分配功能，那么环境税的实施结果一般都是更有利于高收入家庭、发达地区或者人口密集地区的。但 Metcalf（1999）对于环境税收入分配效应的研究指出，如果环境税收入用于返还给家庭以减轻工薪税和个人所得税税负，那么环境税对收入分配的影响是微乎其微的。在环境税的纵向分配效应方面，大多数学者（Bovenberg and Heijdra，1998；Assouline and Fodha，2006）都是在一个世代交替模型中进行考察的，一般都认为纵向分配效应总会导致一些人受损而另一些人受益，很难达到“双赢”的结果。Heijdra，Koiiman 和 Ligthart（2006）的结论则更进一步，认为环境税必然造成不同代人不同个体之间的不公平分配。

（三）完全竞争市场下环境税的环境、经济和公平效应的综合研究

此外，也有一些学者将环境税的环境效应、经济效应和公平效应放在一起研究。Bovenberg（1998，1999）研究了环境税收入用于劳动税收减税时对环境质量、就业和收入分配的影响；对已有的双重红利文献做了一个总结，详细介绍了环境税的环境效应、经济效应（主要是对就业的影响）和公平效应（主要是收入分配问题）及其作用机制等问题。Frei，Haldi 和 Sarlos（2005）分析了瑞士的环境税效应。研究表明，在短期内，环境税会造成 GDP 的轻微下降，但在中期和长期内环境税对 GDP 会产生积极效应；环境税的实施必然减少二氧化碳和其他污染物的排放从而改善环境质量；同时，环境税的实施会提高就业率并促进收入的公平分配。因此，环境税存在“双重红利”效应。Van Heerden 等（2006）在一个包含多个家庭的复杂的 CGE 模型中对南非环境税的效应进行了研究，通过计算各个收入阶层的超额税收负担，发现南非进行提高能源税而降低食物税收的结构性税制改革可以取得“三重红利”①，即减少污染排放、提高产出水平并

① Van Heerden（2006）将环境税的“双重红利”效应界定在其环境效应和经济效应之内，并未将环境税的公平效应纳入“双重红利”的范畴。

缩小贫富差距。

二、不完全竞争劳动力市场结构下环境税效应的研究

20 世纪 90 年代 OECD 国家面临经济萧条、就业形势严峻的问题，各国政府都希望能够通过环境税改革来解决就业问题和经济增长问题。这一时期的研究大多将现实经济中如工资刚性、工会议价、结构性失业、非自愿失业等不完全竞争因素考虑在内，重点考察环境税对就业的效应，而对于经济增长效应的研究相对较少。这些研究一般都认为环境税改革可以获得环境红利，但获得就业红利和增长红利的条件则比较苛刻。

（一）不完全竞争劳动力市场结构下环境税就业效应研究

如前所述，在 20 世纪 90 年代，很多主流学者（Bovenberg and Van Der Ploeg，1994；Parry，1995）认为，在存在扭曲性税种的次优环境中，由于“税收反馈效应”（tax - interaction effect）的存在，环境税很难获得就业双重红利，即环境和就业之间存在一种权衡，就业的提高必须以环境质量的恶化为代价。后来一些学者发现劳动力市场中的不完全竞争因素等可能对环境税效应的结论有重大影响。于是，劳动力市场的不完全竞争因素被逐步引入到环境税效应的研究当中，期望增加就业双重红利的可能性。

尽管有很多学者认识到劳动力市场不完全竞争因素对环境税效应有较大的影响，但只有很小一部分学者在他们的模型中明确考虑了这些因素。早期的相关研究主要是分析论证在特定的模型假设下环境税能否促进就业，其关注的焦点在于“是否具有就业双重红利”，而不是“为什么存在就业双重红利”或“什么条件

下会出现就业双重红利”。Proost 和 Van Regemorter（1992）在一个一般均衡模型中研究了比利时碳税在工资刚性条件下的宏观经济效应；Nielsen，Pedersen 和 Sorensen（1995）最先引入由于特种技术劳动力的工会组织的垄断势力造成的非自愿失业，在一个内生增长模型中研究环境税的就业效应；Bovenberg 和 Ploeg（1996，1998a，1998b）在环境税的模型中分别引入了消费者工资刚性造成的非自愿失业以及由于雇佣成本上升造成的摩擦性失业，考察环境税对就业的影响；Schneider（1997）采用了一个效率工资模型对就业双重红利进行研究；Strand（1999）研究了在存在工人和企业讨价还价机制的市场中，污染税提高的就业效应；Koskela 和 Schob（1999）引入工会与企业主的讨价还价机制、权利管理办法（right - to - manage approach）等因素，分析环境税的环境效应和就业效应。

总的说来，这些研究一般都认为当劳动力市场存在上述不完全竞争因素时，收入中性的环境税改革获得就业双重红利的可能性大大提高。假设劳动力市场中存在非自愿失业是这些研究的核心，而不同的研究对于造成非自愿失业的原因的假设又不尽相同，主要包括工会议价力量、效率工资、结构调整、搜寻和匹配成本等。这些研究普遍认为，在以环境税收入筹资为劳动所得税减税的环境税改革中，失业津贴对环境税的就业效应起了决定作用，失业津贴可以从劳动需求和供给两个方面影响就业。在非自愿失业普遍存在的情况下，税收负担可以由就业者转嫁给失业者（即领取失业津贴的工人）。降低失业津贴可以通过刺激劳动需求和提高劳动供给两个渠道缓解失业问题：第一，降低失业津贴会降低政府为失业津贴筹资而提高劳动所得税税率的激励，劳动所得税的一部分税负由企业负担，降低劳动所得税率相当于降低了企业购买劳动力的价格，必然刺激其劳动需求。这方面的研究比较多，其作用机制与完全竞争市场结构下的情况相似，主要是通过劳动力（相对）价格的降低来刺激企业的劳动需求。第二，降低失业津贴实际上会降低失业者继续保持失业状态的激励，从而降低失业者在工资谈判时的议价能力，使其更容易接受较低的工资，从而增加劳动供给。这方面的研究以 Nielsen，Pederson 和 Sorensøn（1995）、Koskela 和 Schob（1999）及 Bovenberg（1999）等最具有代表性。这些研究都表明，在存在非自愿失业的情况下，如果环境税改革能够将税收负担由就业者转嫁给失业者，那么环境税就能够在改善环境质量的同时缓解失业问题，从而获得就业双重红利。

Koskela 和 Schob（1999）在一个工会—企业工资谈判机制框架中分析了环境税改革的就业效应。他们发现，对失业津贴的税收政策是决定环境税改革就业效应的关键因素。具体地说，如果失业津贴与劳动所得税收入无关并且也不对消费物价指数化，那么环境税改革能够起到缓解非自愿失业的作用。由于失业津贴是非指数化的，对消费征收更高的环境税实际上就造成了失业津贴购买力贬值；更重要的是，失业者由于不缴纳劳动所得税，他们不会因为环境税改革降低劳动所得税税率而得到补偿。因此，环境税改革实际上将税收负担由就业者转嫁给了失业者，从而使环境税改革获得了就业双重红利效应。

与 Koskcla 和 Schob（1999）讨论的对消费征收环境税所不同的是，Bovenberg 和 Van Der Ploeg（1998）将工人分为就业者（局内人）和失业者（局外人）两个群体，考虑他们的"局内人—局外人"博弈，研究对中间品征收环境税的效应。他们指出，如果正式部门的失业者除了领取失业津贴外，还从非正式部门的劳动中获得收入，对于污染性中间品征收的环境税可以将收入由津贴领取者（失业者）转移给就业者。他们假设由于招聘成本和搜寻成本造成非自愿失业，搜寻成本就意味着工作匹配度（rent on job matches）。工资就是工人与企业分配工作匹配度的外在表现形式，政府对非正式部门的劳动收入不征收劳动所得税。虽然失业者不用承担劳动所得税，但仍然可能负担一部分环境税。具体地说，对于中间品征收的环境税通过降低正式部门的劳动生产率间接地影响到非正式部门的收入。环境税改革就用一种部分由失业者负担的税收（环境税）替代了一种对失业者完全没有影响的税收（劳动所得税）。税负由正式部门的就业者向失业者转嫁的后果就是形成了一种税负转嫁效应，这种税负转嫁效应降低了正式部门就业者选择失业的激励，从而降低了自己所要求的工资水平，最终会通过提高劳动供给来刺激就业，使环境税改革获得就业双重红利效应。

此外，环境税就业效应还可以通过将税负由非熟练工人向熟练工人转嫁来实现。在 Bovenberg 和 Van Der Ploeg（1998）研究的基础上，Bovenberg（1999）将工人分为低技术工人（非熟练工人）和高技术工人（熟练工人）来考察他们之间的税负转嫁效应及就业效应。他们认为，对非熟练工人征收较低的税收有利于正式部门的失业者获得就业机会。低收入者由于处于社会最底层，其失业津贴的更新率更高；更重要的是，税收制度、社保缴费制度、社保福利制度以及与收入相关的价格等的相互作用，使低收入就业者面临的税率非常高。但是，如果大幅降低低收入者的平均税率会导致税收收入的大量流失，这意味着边际税率上升从而提高了整个税制的累进性，环境税通过整个税制间接影响不完全竞争劳动力市场工资决定行为方式，降低了失业水平。特别地，税制的累进性增强会导致工会谈判要求高工资的激励降低，企业支付效率工资的意愿也会降低。这意味着边际税收上升降低了工资，因为边际税率上升相当于对工资增长征税（Pissarides，1998）。尽管降低非熟练工人的税收和提高边际税率可以减少失业，但这却损害了劳动力学习技术和增加劳动供给的激励，并且，更高的边际税率扭曲了以工资差别表现出来的价格信号。这又降低了劳动力市场对冲击反应的灵敏性，并降低了劳动力在部门和地区间配置的效率。因此，政府在降低失业与提高劳动供给的质量和数量之间存在一个权衡。

当然，也有研究发现引入某些劳动力市场不完全竞争因素之后，就业双重红利不成立。这主要是由于政治方面的原因造成的，一是各种政治利益集团会人为地干扰就业市场，二是政府决策过程中可能需要考虑很多非经济因素，其目标可能会发生偏差。Fredriksson 和 Gaston（1999）的一项研究表明，考虑到劳动力市场工会的议价力量后，在就业稳定时期，工会就有降低非工会工人就业率而实施严格的环保政策的激励；环境税的实施将会导致负的就业红利，造成无效率的高失业。Kirchgässner（1998）总结了 Bovenberg 等对双重红利假说和最优环境税的研究，引入非自愿失业，发现环境税对就业的影响不是一个理论问题而是一个实证问题，即环境税对就业的影响是不确定的；同时，他还从政治经济学的角度指出，理论上最优的环境税（不论是最优环境中的最优还是次优环境中的最优）从政治的角度来说一般都不会是真正的最优。

进入 21 世纪以后，相关研究更加严谨、全面，对长期效应和短期效应以及

环境税收入返还、分配方式做了区分，分别研究各种情况下环境税的效应。Bosello 和 Carraro（2001a）研究了收入用于减少工资总额和提高就业的能源税的经济效应。他们假设劳动力市场分为熟练工人和非熟练工人两个部分，比较了收入用于减少非熟练工人工资和用于减少工人总工资的两种能源税政策，同时考虑了欧盟内部各国采取合作政策和非合作政策两种情况下的能源税效应。研究表明，即使环境质量与就业之间存在权衡关系，就业双重红利也在短期内成立；就业双重红利在能源税收入用于减少总工资水平时比用于减少非熟练工人工资水平时更大；如果财政收入再分配在欧盟国家之间进行得足够充分，就业双重红利效应更大。Bosquet（2000）对已有的有关环境税改革的实证研究进行了总结，认为如果环境税的收入用于减少工薪税税负并且通货膨胀得到抑制，那么在中短期内环境质量会提高，就业增加较小；但在长期中，环境税改革的效应是不确定的。Bye（2002）研究了一个小型开放经济中环境税改革的效应，在这个经济体中企业生产国际产品的非完全替代品，并且工会进行工资定价，从而存在工资刚性和非自愿失业。结果表明，强式双重红利可能存在，环境税改革可能促进就业增加，从而就业双重红利成立，同时环境税也会作为一种隐性的关税导致贸易盈余。Chiroleu - Assouline 和 Fodha（2005）研究了存在非自愿失业情况下环境税的环境效应、就业效应和代际福利效应，发现环境税能在改善环境的同时，促进就业，并提高了年轻一代的福利。Wagner（2005）考察了环境税对均衡失业率的影响，同时还研究了劳动力市场存在市场势力时的最优环境税水平。结果发现，在一定的区间内，环境税可以在达到改善环境质量目标的同时降低均衡失业率水平，即获得就业双重红利。Fæhn，Plana 和 Kverndokk（2009）研究了西班牙碳税改革的效应，他们假设市场中存在熟练工人和非熟练工人两种类型的劳动力，并且存在非自愿失业，结果发现如果将碳税收入用于工薪税减税，则可以改善失业状况，获得就业双重红利效应。

这些研究一般认为环境税不但可以改善环境，还能促进就业，从而获得就业双重红利。但也有一些研究发现环境税对环境质量具有消极作用，从而就业双重红利不成立。Bayindir - Upmann 和 Raith（2003）的研究却发现在高税负的国家实行环境税改革可能由于会造成环境质量恶化而不会获得就业双重红利。Bayindir – Upmann（2004）将劳动力市场和产品市场的不完全竞争因素同时引入环境税的研究中，分析了收入中性的环境税改革是否会获得就业双重红利及就业双重红利存在的条件。他的模型中引入了两种不完全竞争因素，即实际工资刚性和一个行业的不完全竞争（古诺竞争），结果表明就业双重红利是存在的。但他同时指出，在劳动税收很高并且人们将收入的很大一部分用于污染环境的产品的消费，就业双重红利可能就不存在，因为在这种条件下环境质量会恶化。

（二）不完全竞争劳动力市场结构下环境税增长效应的研究

关于环境税在不完全竞争劳动力市场结构下的效应，相对于就业效应的文献，有关增长效应的研究比较少。一些文献认为，在不完全竞争劳动力市场下环境税通常都会在改善环境质量的同时，促进就业或经济增长。Carbaccio 等（1996）则采用一个动态递归模型，基于中国 1992 年的投入产出表，将中国经济处理为计划和市场共存的状况，考虑了人口增长、资本积累、技术变化和需求模式的改变，模拟了征收碳税对中国经济的影响，结果表明环境税在长期中可增加中国的 GDP 和消费，这实际上也是对增长双重红利的一种支持。

但也有研究对这种观点提出了质疑。这些质疑主要存在于三个方面：一是环境税虽然促进了就业和经济增长，但对环境质量的效应却是消极的，因而双重红利不成立；二是认为环境税的双重红利效应在理论模型中永远得不到完美的解释，而应当利用现实中的数据进行以计量分析为主的实证研究（Fullerton，2008）；三是即便经济增长与环境保护之间不存在冲突，经济增长与其他目标如就业、福利等存在冲突，因而政府在追求其他目标的同时会损害经济增长（Nielsen，Pederson Sorenson，1995）。Holmlund 和 Kolm（2000）研究了存在结构性失业的小型开放经济中环境税的效应。结果表明，环境税虽然能够改善环境质量，却会导致实际 GDP 的下降，因而也就不支持增长双重红利。Bayindir – Upmann 和 Raith（2003）分别考察了劳动力市场存在垄断工会组织、权利管理方法和有效的讨价还价三种因素时环境税是否存在增长双重红利效应，结果表明环境税通常不能促进增长。

此外，还有文献研究了不完全竞争劳动力市场结构下环境税的分配效应和福利效应。Ono（2008）在一个世代交替模型中研究了存在非自愿失业情况下环境税对福利的影响，结果表明，环境税能够在一代的区间内同时提高环境质量、就业和社会福利，但不同代人之间的福利存在一个权衡，即当代人福利水平的提高必须以后代人福利的降低为代价。对于环境税的纵向分配效应，不完全竞争市场结构下得出的研究结论与完全竞争市场结构下得出的研究结论类似。

三、不完全竞争产品市场和不完全信息市场结构下环境税效应的研究

将产品市场的不完全竞争因素引入环境税的研究中，始于对最优环境税和最优污染控制机制的研究。这方面已有的文献大致可以分为两条主线：一是以产品市场的厂商数量为依据，将市场结构划分为垄断、寡占、垄断竞争等，从博弈论的角度分别考察各种市场结构下环境税的效应；二是从信息经济学的角度，将不完全信息（或不对称信息）引入产品市场，从而研究环境税在各种市场结构中的效应[①]。第一条主线的文献始于对垄断性产品市场下最优环境税的研究，但之后研究重心逐步转移到寡占市场结构，主要考虑古诺竞争、Betrand竞争和Stackelberg先行者寡头竞争等特殊寡占市场下环境税的效应。第二条主线的文献最初也是尝试性地将信息因素引入最优环境税的研究中，结果发现信息对最优环境税

① 实际上，很多时候，这两条主线上的文献很难做出严格的区分，两者往往是互相交叉的。笔者根据各种文献的研究重点将其划分为两条主线。

的影响较为明显；之后才逐步将不对称（不完全）信息引入产品市场中①，研究这些市场结构下环境税的经济效应和公平效应。所有的这些研究都将最优环境税或最优污染控制机制以及环境税对环境和产出的影响作为研究的重点，涉及就业、社会福利和收入分配的研究相对比较少。

（一）不完全竞争产品市场结构下环境税的效应

Buchanan（1969）和 Barnett（1980）最先提出对庇古税原理的质疑，由于垄断者会通过降低产量来扭曲税收的最优解；因而在垄断市场结构下，环境税只能得到次优环境下的最优解。他们都发现，由于垄断者造成的生产外部性，次优环境下的最优环境税通常低于庇古税。之后又有许多学者（Oates and Strassmann，1984；Baumol and Oates，1988；Innes，Kling and Rubin，1991；Simpson，1995）明确将产品市场不完全竞争因素纳入最优环境税（费）的研究中，但这些研究主要都基于垄断的市场结构。Beladi 和 Chao（2006）、Vickers 和 Yarrow（1991）、Schoonbeek 和 Vries（2009）等研究了产业垄断结构下环境税的效应。Schoonbeek 和 De Vries（2009）假设垄断的产品市场存在一个可能的进入者，并且两个企业都是污染型的，政府对污染征收从量税，分析了政府和现有的垄断企业都偏好垄断的条件。Heijnen 和 Schoonbeek（2008）的一项研究表明，产品市场上存在一个垄断的污染型企业时，如果垄断企业能够阻止市场进入，则可以实现污染的最低排放水平，即市场越集中环境税的实施就越有利于环境质量的提高。

在 Buchanan（1969）等提出对垄断结构下最优环境税偏离庇古税的观点后，研究者们又开始将探讨延伸到寡占、垄断竞争等其他形式的市场结构中，并重点

---

① 不完全信息（不对称信息）不仅被引入产品市场中，也被引入劳动力市场中，从而研究这些市场结构下的环境税的环境、经济和公平效应。其中，很大一部分文献是将完全信息的情形和不完全信息的情形进行比较研究。Aronssona 和 Blomquist（2003）在最优税制的框架下研究跨国环境税的效应时，考虑到了不对称信息问题。由于不对称信息问题，政策制定者不能观察到劳动者的类型，所以只能假设高能力的劳动力具有跨国流动性而低能力的劳动者不具有流动性。研究结果显示，劳动力的流动性是影响合作均衡和非合作均衡差异的一个重要因素。

研究了寡占市场结构下环境税的效应。实际上，有关寡占市场结构下环境税效应的研究，其理论渊源可以追溯到 Spence（1976）、Dixit 和 Stiglitz（1977），他们分别在古诺竞争和 Betrand 竞争模型中研究了企业的产出决策。此后，有关寡头市场下环境税效应的研究大多基于这两种模型。Goel 和 Hsieh（1997）在一个短期局部均衡模型中比较了庇古税（即环境税）在完全竞争、垄断和寡占这三种市场结构下的效应。结果发现庇古税在完全竞争市场下对社会福利具有促进作用，这与 Buchanan（1969）的结论一致；如果不完全竞争扭曲效应较小，庇古税在垄断市场结构下仍然可以起到矫正外部性的作用，同时也会提高社会福利，这一点与很多研究的结论相反；但庇古税在古诺寡占市场下的效应就不如前两种市场结构明确了，衡量庇古税在古诺寡占市场中的福利效应，必须有关于每个寡头企业税后产出调整的方向和幅度、导致变化的外部损害的大小以及不完全竞争扭曲程度的变化等相关信息，才能对庇古税的效应做出有效的估计。

对于寡占市场结构下环境税效应的研究，许多学者（Levin，1985；Katz and Rosen，1986；Dixit，1986；Dierickx et al.，1988；Germain，1989；Ebert，1992；Okuguchi，1993；Dung，1993；Okuguchi and Yamazaki，1994；Katsoulacos and Xepapadeas，1994，1995；Carlsson，2000；Nagurney and Dhanda，2000；Yin，2003；Ohori，2004，2006）倾注了大量的心血，形成了丰富的文献资料①。但在寡占市场结构框架下研究环境税效应，与在完全竞争和不完全竞争劳动力市场下研究环境税效应有所不同，前者更多的是在微观模型中用局部均衡分析法考察环境税对微观主体（即企业、污染受害者等）、污染排放（环境质量）和产量水平以及最优环境税的影响，很少涉及宏观层面的效应，如经济增长、就业、收入分配等问题。

总的说来，关于寡占市场结构下环境税效应的研究，表现出以下几方面的特点：

---

① Ebert（1992）、Katsoulacos and Xepapadeas（1994）、Simpson（1995）、Okuguchi and Yamazaki（1994）、Dierickx（1988）、Requate（1993a，1993b）等学者还研究了在垄断市场结构中的最优环境税，不过这个最优是社会效益角度的最优。

第一，在研究方法上，这些文献通常都采用微观模型（包括博弈模型）；并且这些研究十分重视环境税对环境质量的影响，一般都认为寡占结构不利于环境税环保作用的发挥。Stimming（1999）分析了在一个微分博弈（differential game）中，两个实力相当的寡头企业的投资行为如何受到污染税的影响。他假设一个企业为污染型企业而另一个为清洁型企业，结果发现，如果两个企业面临相同的环境政策，提高环境政策标准在长期会降低污染型企业的投资而对于清洁型企业的影响却不明确，但在长期两个企业的污染排放都会降低，从而污染税具有环境红利；但如果两个企业面临不同的环境政策，这个结论就不再成立，原因在于两个企业的投资水平都会随着竞争对手面临的环境政策标准的提高而上升，从而增加该企业的污染排放量，导致环境红利不存在。Tanguay（2001）分析了在国际寡头市场结构中，政府策略性地征收污染税和关税对环境的影响，结果发现策略性的污染税将导致本国污染排放量上升，环境质量恶化。Yanase（2009）在一个微分博弈模型中考察了两个国际寡头污染企业在第三国市场竞争时，比较分析了企业所在国实施排污税和实行行政管制的效应。结果表明，所在国实施严格的排放政策会由于静态“租金转移”效应而提高外国企业的竞争力，外国也会“免费搭车”，分享本国减排政策所导致的全球环境质量改善带来的好处；同时，排污税博弈将导致一个比行政管制更为扭曲的结果，使得污染排放量增加、社会福利降低，从而使得环境税连“环境红利”效应都不存在，对社会公平也没有积极作用。

此外，也有一些文献采用一般均衡分析法来研究环境税在不完全竞争产品市场下的各种效应。在一般均衡模型中考虑到产品市场的不完全竞争因素，研究环境税效应的文献在 2000 年以前不多，2000 年以后逐渐增多。Marsiliani 和 Renström（2000），以及 Holmlund 和 Kolm（2000）是 2000 年以前研究环境税效应时考虑到产品市场上的不完全竞争因素的为数不多的作者。他们都假设小企业参与到垄断竞争中去，并且工资的决定是由公司层面的讨价还价来决定的；得出的结论也类似，收入中性的环境税改革可以促进就业，从而就业双重红利成立。

第二，在寡头企业性质及其产品方面，不同的研究做出了不同的假设。在寡头企业的性质方面，大部分研究假设寡头企业类型相同（Levin，1985；Simpson，1995），而一些研究却假设寡头企业的类型是不同的。企业类型相同，主要是指企业在生产的产品、决策模式以及目标函数等方面是相似的；企业类型不同，主要是指企业在生产技术、目标函数等方面有区别。在寡头企业生产的产品方面，主要研究产品同质化和产品差异化情况下环境税在寡头市场结构下的效应，并且最优环境税是这些研究的重心。产品的差异化又可以分为横向差异化和纵向差异化。横向差异化是指，寡头企业生产的产品是不同的，无所谓好坏之分；纵向差异化是指，寡头企业生产的产品在性能、质地等方面存在差异，并且具有明显的优劣之分。

考虑到寡头企业的性质不同，很多研究重点考察环境税对环境质量（污染排放）和产出的影响。Sugeta 和 Matsumoto（2005）研究了寡头企业存在技术差异情况下环境税改革的效应，结果表明，如果寡头企业的生产技术差距足够大，提高环境税税率的环境税改革可能造成污染排放上升，环境质量恶化，但产出却会因此而提高。环境税的产出效应和环境效应之间存在一个权衡，不存在“双重红利”效应。此外，Beladi 和 Chao（2006）、Barcena – Ruiz（2006）、Kato（2006，2011）、Ohori（2006）、Wang 和 Wang（2009）等还对寡头企业目标函数做出不同假设，将国有企业（公共企业）私有化改革与环境税改革联系起来①，比较研究公共企业私有化改革前后环境税的效应或者比较研究环境税（间接环境控制政策）与排污管制等（直接环境控制政策）在混合寡头和纯粹寡头竞争下的效应。他们假设寡头行业中存在一个公共企业（国有企业）和一个私有企业。公共企业和私有企业可以生产同质的产品，也可以生产不同质的产品②，但它们的目标有所区别，通常假设公共企业的目标是实现消费者剩余与自身利润之和的最大化，而私有企业的目标仅仅在于最大化自身利润。Barcena – Ruiz（2006）考察了

---

① 实际上，在 Boyd（1996）、Boyd 和 Kunreuther（1997）、Sigman（1998）更早的研究中，已开始将私有化改革纳入环境税效应的分析当中。

② 大多数研究为了简化分析假设寡头企业生产的产品是同质的（Beladi and Chao，2006；Kato，2006；Barcena – Ruiz and Garzon，2006）。

是否将公共企业私有化的决策与政府环境政策的相互作用，发现如果政府开征环境税，那么在混合寡头竞争市场结构下，最优环境税比在私企市场更低但对环境的损害更大，即寡占市场结构不利于环境税发挥环境保护的功能。Wang 和 Wang (2009) 比较研究了寡头行业中的公共企业私有化前后环境税的效应，发现公共企业私有化会降低所有企业对节能减排的关注度并促使政府降低环境税税率，如果寡头企业生产的产品替代性较弱，环境质量会更加恶化，但如果寡头企业生产的产品替代性较强，环境税的实施会使环境质量相对在混合寡头竞争的情况下得到改善。这个结论与 Barcena – Ruiz（2006）得出的结论相似。Kato（2011）比较研究了混合寡头竞争均衡下，环境税与污染排放配给制度的福利效应，结果表明污染排放配给制度更有利于提高社会福利。

考虑产品差异化的研究文献，都重点分析了寡头企业产品差异化对最优环境税水平的影响。这些研究往往表明，产品差异化对最优环境税水平具有重要影响。Moraga – Gonzalez 和 Padron – Fumero（2002）、Toshimitsu（2008a，2008b）研究了国际寡头企业纵向产品差异化情况下环境税的效应，结果表明环境税的效应依赖于国际寡头企业的竞争模式以及各国对边际环境损害的估值。Fujiwara (2009) 则主要考虑了寡头企业产品横向差异化对最优环境税的影响，发现不论在长期还是在短期内产品差异参数对最优环境税的影响都十分明显。

第三，在市场结构方面，存在两种不同的假设。一是大多数研究假设寡头市场结构是静态的即厂商数量不变，所有的寡头企业都不会退出市场，也不存在潜在的“自由进入者”。对寡头市场做出这种假设的理论逻辑在于，如果存在潜在的“自由进入者”，那么现有的寡头企业的市场势力会随着新进入企业的增加而受到削弱，获取经济利润的空间会缩小，在长期中寡头市场会趋近于完全竞争市场，所有企业的利润均为零；因而，现有的寡头企业会通过策略性行为阻止潜在的进入者加入寡头行业。Katsoulacos 和 Xepapadeas（1996）基于 Spence（1976）建立的寡头竞争模型，假设不存在“自由进入”机制，在一个古诺竞争均衡中研究了环境税对环境、产出以及福利等的影响。二是一些研究假设寡头市场是“自由进入”的，从而厂商数量是可变的。他们认为，厂商数量不变是短期的特征，而在长期厂商的数量应当是动态变化的，因而在长期将厂商数量视为内生决定的。这些研究中，最具有代表性的就是 Lange 和 Requate（1999）关于产品差异和寡头垄断竞争下环境税效应的研究。还有一些学者对存在“自由进入”机制和不存在“自由进入”机制的情况进行了比较研究。Katsoulacos 和 Xepapadeas（1995）比较研究了存在“自由进入”机制和不存在“自由进入”机制情况下的最优排污税。他们的研究表明，在“自由进入”机制下，最优排污税高于边际外部损害，并且只要厂商数量不变，最优排污税就不再上升。Lahiri 和 Ono（2007）比较了相对排污标准和排污税的效率，发现当“自由进入”被禁止时，相对排污标准比污染税更有效率。Fujiwara（2009）考察了寡头行业的“自由进入”因素对环境税效应的影响，结果发现最优环境税对衡量“自由进入”程度的参数高度敏感。

第四，在博弈竞争模型的设定方面，主要是古诺竞争模型和 Betrand 竞争模型，而 Stackelberg 竞争模型和价格领导者模型极其少见。传统的研究认为，寡头市场下的产出竞争（古诺竞争）不利于社会福利的提高，而价格竞争（Betrand 竞争）却可以提高社会福利；不过这个结论被 Cellini 等（2004）推翻①。Moraga – Gonzalez 和 Padron – Fumero（2002）在一个 Betrand 竞争模型中分析了环境税政策的效应，发现如果社会的环境意识提高（即社会对边际环境损害的估值提高），对更容易污染环境的产品实施更为严格的环境管制政策会造成环境质量的恶化并降低社会净剩余，即环境税不存在任何形式的“红利”效应。他们的研究验证了 Cellini 等（2004）的结论。在他们的研究基础上，Toshimitsu（2008b）在一个国际 Betrand 寡头模型中研究了环境管制政策作为非关税贸易政策如何影响进口、环境质量和福利水平。结果发现对于清洁品实施更为严格的排放管制政策会改善环境质量，并提高社会净剩余水平，从而环境税具有福利双重红利效应，这与 Moraga – Gonzalez 和 Padron – Fumero（2002）的结论相反。

---

① Cellini 等（2004）假设寡头市场中存在“自由进入”机制，比较分析了古诺竞争和 Betrand 竞争的均衡，结果表明，从社会福利水平角度讲，古诺竞争均衡优于 Betrand 均衡，而产品差异化是出现这种结果的一个重要原因。

总的说来，这些研究的结论虽然千差万别，但有几点是这些研究所共同具有的。第一，寡头市场结构整体上不利于保护环境，而且寡头企业差别越大，环境税对环境质量的消极影响也越大。第二，一般情况下，产量竞争模式（古诺竞争）下环境税有利于提高社会福利，而价格竞争模式（Betrand 竞争）下环境税不利于社会福利的提高。这主要是由于产出的竞争会增加市场供给，进而降低产品价格，有利于提高消费者剩余；而价格竞争不一定增加市场供给，满足消费者的需求。第三，寡头行业的“自由进入”机制和产品及企业性质的差别化对最优环境税有着重要影响。

（二）不完全信息市场结构下环境税的效应

从信息经济学的角度来研究环境税效应的文献，将不完全信息引入模型分析，主要集中于垄断、寡占和垄断竞争等不完全竞争产品市场的框架之内，而这些文献对不完全竞争市场结构的假设又绝大部分属于寡占。早期的文献主要集中于不完全信息条件下最优污染控制机制的设计问题，其中很大一部分文献涉及环境税和排污许可制度的比较研究；而这些研究的关键在于解决一个信息成本问题，即设计一种激励相容的“说真话”机制，让企业自愿地披露其成本、技术等信息，并按照“社会最优”的方式进行生产决策。Roberts 和 Spence（1974）、Kwerel（1977）最早将不完全信息引入不完全竞争产品市场中，研究最优污染控制机制。早期的这些研究主要是解决由于信息不对称导致的激励不相容问题，其目标在于设计出一种让被监管者（企业）“说真话”的激励机制，以达到社会最优均衡。此后，许多学者逐渐将研究的重心转移到不完全信息条件下环境税的效应方面。

总的说来，这方面的文献主要体现出以下几个方面的特征：

第一，既有静态分析，又有动态分析。很多研究环境税效应的文献考虑了不完全（不对称）信息问题，但这些文献的研究方法主要还是静态分析方法（Kim and Chang，1993；Mckitrick，1999）；但越来越多的研究开始采用比较静态分析和动态分析法（Kort，1996；Stimming，1999；Antelo and Loureiro，2009）。

第二，既有同时博弈，又有序列博弈。从理论上讲，同时博弈的模型主要是古诺均衡和 Betrand 均衡模型；序列博弈的模型主要是 Stackelberg 先行者均衡和价格领导者模型。不过，现有的研究主要还是采用古诺均衡（Canton，Soubeyran and Stahn，2008；Simpson，1995）和 Betrand 均衡（Lange and Requate，1999）模型，个别研究采用 Stackelberg 先行者均衡（Carlsson，2000），采用价格领导者模型的研究并不多见。这主要由于古诺均衡属对称均衡，价格变量单一，模型数学处理过程相对简单，结论也更加清晰，容易给予经济解释。

第三，信息不对称既有横向的信息不对称，也有纵向的信息不对称，研究较多的是纵向信息不对称，也有部分研究同时考虑横向和纵向信息不对称。横向的信息不对称主要是厂商之间的信息不对称[①]。Long 和 Soubeyran（2005）是为数不多的考虑企业之间关于生产、减排成本的横向不对称信息的文献之一；他们的研究表明，寡占企业在成本方面的信息不对称会造成对各个企业征收的最优环境税水平不同。纵向的信息不对称主要是厂商与监管者（或政府）之间的信息不对称，多数情况下考虑政府信息少于企业，但也有的研究假设政府信息多于企业的情况。例如，Barigozzi 和 Villeneuve（2006）假设政府的信息多于企业，不过他们的这种假设造成信息不对称条件下的最优环境税不存在。此外，Antelo 和 Loureiro（2009）等还同时考虑了横向信息不对称和纵向信息不对称，比较研究了对称信息和不对称信息条件下的最优环境税以及环境税对环境、产出、社会福利等的效应。

关于不完全信息市场结构下环境税效应的研究，可以分为两个阶段：第一个阶段的研究主要解决信息成本的问题，研究重点在于设计一种有效的（社会最优的）污染控制机制，所要解决的核心问题在于实现政府与企业的激励相容，设计一种激励制度让企业"说真话"，如实地披露自己的成本、技术等相关信息。这个阶段的研究往往涉及排污许可制度、排污税费制度及混合控污制度的比较研

① Ulph（1998，2000）还考虑了政府间的横向信息不对称问题。

究。这些研究的目的在于设计一种有效的污染控制机制，因此，这些研究都认可了环境税（费）可以改善环境质量，即具有“环境红利”效应。第二个阶段的研究主要解决特定市场结构和竞争模式下环境税的效应问题，有的研究考察影响不完全信息条件下环境税效应的因素。

早期的研究通常认为，污染的社会损害函数和企业的成本函数对于污染控制机制的有效性具有决定性影响，并且也是实现“社会最优”污染控制的必要条件。并且这些研究往往假设有关生产成本、减排成本等方面的信息只有企业自身才具有，政府没有这方面的信息或只具有部分信息。因此，这些研究的一个重要目标就在于，在政府只具有环境损害函数等相关信息的情况下，设计出最优污染控制机制。这些污染控制机制中，具有较大影响力的主要有信息披露机制、迭代机制、统计推断机制、微分损害机制、重税机制以及古诺猜测机制等。

信息披露机制由 Kwerel（1977）提出。这种机制实际上是一种可转让排污许可与排污税相结合的混合控污机制，其主要原理在于，政府要求每个企业向其报告减排成本等相关信息，并据此确定排污许可证的发放总量和单位污染的排污税；排污许可证可以转让，并且其转让市场是完全竞争的；政府对企业购买后未使用的排污许可给予每单位相当于排污税的补贴。这样，混合污染控制制度就平衡了单纯的排污许可制度倾向于让企业夸大成本的激励和单纯的排污税费制度倾向于让企业少报成本的激励，最终实现社会最优。也就是说，环境税在可转让排放许可制度的配合下，实现环境质量改善的同时促进了社会福利，可以说具有了福利双重红利效应。不过，Dasgupta，Hammond 和 Maskin（1980）指出，Kwerel（1977）的信息披露机制是有缺陷的，其中一个缺陷在于这种机制的均衡实际上只是一种纳什均衡，即假定其他企业都不会说谎的情况下，各个企业都不会谎报成本信息。他们在 Kwerel（1977）的基础上，假设企业和政府在成本信息方面进行两轮博弈，提出一种更为有效的信息披露机制，使得均衡状态成为占优均衡，即不论其他企业是否谎报成本信息，对每个企业来讲如实披露成本信息都是最优决策。之后，Spulber（1988）引入产出成本和减排成本的相互依赖，对 Dasgupta，Hammond 和 Maskin（1980）的研究进行了拓展分析。这些基于信息披露的污

染控制机制通常都要求全部企业或部分企业向政府报告其成本等相关信息。

Biglaiser 等（1995）提出了一种更为激进的污染控制机制，即重税机制。这种机制要求政府对所有污染者都征收相当于总环境损害的污染税，从而排污税收入就等于环境损害的 n（n 为寡头行业中企业的数量）倍。只要污染的边际损害与平均损害之比小于厂商数量 n，这种机制就是有效的[①]。实际上，这种机制只有在寡头行业存在一个单一的排污大企业时才适用，否则，可能遭遇巨大的政治压力而难以实施。一些研究还尝试通过使政府与企业的目标函数一致来解决政府在成本方面的信息不对称问题。Loeb 和 Magat（1979）建立了一种垄断企业在政府缺乏相关成本信息的条件下自愿地以“社会最优”的方式进行生产决策。这种激励机制的基本思想为，通过给予垄断企业相当于实际消费者剩余的补贴，使企业的目标函数与社会目标函数一致相容。Cech（1991）将 Loeb 和 Magat（1979）的研究拓展到寡头市场，实现了寡头企业以“社会最优”的方式进行生产决策。Kim 和 Chang（1993）在这些研究的基础上提出了一种微分损害机制（differential damage mechanism）。这种机制以政府观测到的企业的实际产出和排放为基础，不需要政府获得企业关于技术和减排成本等方面的信息。此外，Conrad（1991）和 Livernois（1994）等还提出了迭代机制（iterative mechanism）。不过，迭代机制有一个很大的缺陷，即除非在某些十分严格的假设条件下，均衡状态的收敛性与社会最优化不相容。

以上这几种机制都假设寡头行业厂商数量不变，因而这些实际上都是基于短期的分析。McKitric（1999）等提出了古诺猜测机制，假设寡头行业的厂商数量是可以变化的，弥补了短期分析的不足。在古诺机制中，政府向企业宣布一个环境税函数，但与企业成本相关的任何参数及其期望值都不出现在环境税函数中；企业不需要知道各自的成本及总成本。企业只需要对污染排放总量进行猜测并根据下一阶段实际观测到的污染排放量调整自己的猜测。这样，从任意一个初始位

① 这个比值大于 n 只有在总环境损害曲线十分陡峭时才出现，此时，只要政府对企业的成本具有不完全信息，直接的排污量控制更为有效。

置开始，企业进行反复博弈，不断调整自己对污染总量的猜测，最终一定会达到一个纳什均衡状态；并且均衡的进入条件与社会最优是一致的，并且这个结论适用于行业中存在任何数量厂商的情况。

此后，不完全信息市场结构下环境税效应的研究进入了一个新的阶段，主要体现在几个方面：一是相关的研究不再局限于设计有效的污染控制机制；二是很多研究转而考察特定寡头市场结构下环境税对环境、产出、福利等的效应；三是一些学者引入政府间横向不对称信息，从政治经济学角度对不完全信息条件下的环境税改革进行研究。

在环境税效应方面，这些研究一般认为，信息不对称会增加经济活动的成本，导致效率损失，可能不利于环境质量的提高，从而极大地降低了双重红利效应成立的可能性。Pezzy 和 Park（1998）考虑到不完全信息导致的信息成本和政治集团的利益之后，发现环境质量的改善变得不那么明显，双重红利效应也变得很模糊。Antelo 和 Loureiro（2009）在研究环境税效应的同时考虑了不完全信息和产品市场不完全竞争因素，比较研究了环境税在不完全信息和完全信息条件下古诺寡头博弈的市场结构下环境税的效应。结果表明，只要管制者（政府）的环境道德意识很高，企业在第二阶段的博弈中都希望被认定为清洁型企业；在完全信息条件下，最优环境税往往是正的，但考虑到不完全信息和信号博弈，环境税通常为负且其大小可能比在完全信息的情况下大或者更小，这依赖于政府的环境容忍度和企业是污染型企业的概率；最优环境税小于庇古税，即最优环境税低于边际环境损害水平，而不完全信息强化了这种效应。

在环境税改革的政治经济学方面，主要考虑跨国（或者联邦体制内跨地区）环境税政策的协调问题。在这个方面，Ulph（1998，2000）做出了先驱性的探索。Ulph（1998）指出，在考虑策略性贸易和政治经济两种因素的作用下，政府很难完全内在化国内的环境成本；从社会福利的角度来讲，即便存在不对称信息并且在国家层次和超国家层次都存在政治歧视，超国家层次（或联邦层次）的环境协调政策是合意的。但 Ulph（2000）的研究表明，政府的横向不对称信息有利于缩小各国（或联邦体制国家内各州）环境政策的差别，环境税政策的协调会由于各国环境损害成本的差别而造成福利水平急剧降低。此外，Upmann（1998）还研究了本地企业在不完全竞争市场结构下，地方政府间排放税的竞争效应。当直接的贸易手段被禁止并且企业进行不完全的竞争时，政府就倾向于运用甚至滥用环境政策来影响贸易。研究表明，当政府参与税收竞争之后，可能发生三种情况：在两种极端情形中，环境质量很低但公共服务水平很高，或者环境质量很高但公共服务水平很低；在另外一种居中的情况中，环境质量和公共服务水平都会很低。因此，税收竞争有可能导致“生态倾销”。研究对比了政府合作行为模式下的竞争性管理。基于财政效应、产出效应和环境效应等三种效应，政府倾向于降低税率而背弃合作。要消除这种反复无常的激励，环境协议必须有补充的措施。

本章参考文献：

[1] Aasness J., T. Bye, H. T. Mysen. Welfare effects of emission taxes in Norway [J]. Energy Economics, 1996 (18): 335 –346.

[2] Antelo M., M. L. Loureiro. Asymmetric information, signaling and environmental taxes in oligopoly [J]. Ecological Economics, 2009 (68): 1430 –1440.

[3] Aronssona T., S. Blomquist. Optimal taxation, global externalities and labor mobility [J]. Journal of Public Economics, 2003 (87): 2749 – 2764.

[4] Assouline M. C., M. Fodha. Double dividend hypothesis, golden rule and welfare distribution [J]. Journal of Environmental Economics and Management, 2006 (51): 323 –335.

[5] Babiker M., G. E. Metcalf, R. John. Tax distortions and global climate policy [J]. Journal of Environmental Economics and Management, 2003 (46): 269 – 287.

[6] Barcena – Ruiz J. C. B. Environmental Taxes and First – Mover Advantages [J]. Environmental & Resource Economics, 2006 (35): 19 –39.

[7] Barde J. P. Economic instruments for environmental protection: Experience in OECD countries [C]. In: OECD. Applying Market – Based Instruments to Environmental Policies in China and OECD Countries. OECD, Paris, 1997: 31 – 58.

[8] Barnett A. The Pigouvian tax rule under monopoly [J]. American Economic Review, 1980 (70): 1037 – 1041.

[9] Barrigozzi F., B. Villeneuve. The signaling effect of tax policy [J]. Journal of Public Economic Theory, 2006 (8 – 4): 611 – 630.

[10] Barro R. J. Government spending in a simple model of endogenous growth [J]. Journal of Political Economy, 1990 (98): 103 – 125.

[11] Baumol W., W. Oates. The Theory of Environmental Policy [M]. Cambridge MA: Cambridge University Press, 1988.

[12] Bayindir – Upmann T. B., M. G. Raith. Should high – tax countries pursue revenue – neutral ecological tax reforms [J]. European Economic Review, 2003 (47): 41 – 60.

[13] Bayindir – Upmann T. B. On the Double Dividend under Imperfect Competition [J]. Environmental and Resource Economics, 2004 (28): 169 – 194.

[14] Barcena – Ruiz J. C. B., M. B. Garzon. Mixed oligopoly and environmental policy [J]. Spanish Economic Review, 2006 (8): 139 – 160.

[15] Beladi H., C. C. Chao. Does privatization improve the environment [J]. Economics Letters, 2006 (93): 343 – 347.

[16] Biglaiser G., J. K. Horowitz, J. Quiggin. Dynamic pollution regulation [J]. Journal of Regulatory Economics, 1995 (8): 33 – 44.

[17] Bor Y. J., Y. Huang. Energy taxation and the double dividend effect in Taiwan's energy conservation policy—an empirical study using a computable general equilibrium mode [J]. Energy Policy, 2010 (38): 2086 – 2100.

[18] Bosello F., C. Carraro, M. Galeotti. The double dividend issue: Modeling strategies and empirical findings [J]. Environment and Development Economics, 2001b

(6): 9 -45.

[19] Bosello F. , C. Carraro. Recycling energy taxes: Impacts on a disaggregated labour market [J]. Ž. Energy Economics, 2001a (23): 569 -594.

[20] Bosquet B. Environmental tax reform: Does it work? A survey of the empirical evidence [J]. Ecological Economics, 2000 (34): 19 -32.

[21] Bossier F. , T. Brechet. A fiscal reform for increasing employment and mitigating CO_2 emissions in Europe [J]. Energy Policy, 1995 (23): 789 -798.

[22] Bovenberg A. L. , B. J. Heijdra. Environmental tax policy and intergenerational distribution [J]. Journal of Public Economics, 1998 (67): 1 -24.

[23] Bovenberg A. L. , L. H. Goulder. Optimal environmental taxation in the presence of other taxes: General equilibrium analyses [J]. The American Economic Review, 1996 (86 -4): 985 -1000.

[24] Bovenberg A. L. , R. A. Mooij. Environmental levies and distortionary taxation [J]. American Economic Review, 1994a (94): 1085 -1089.

[25] Bovenberg A. L. , R. A. Mooij. Environmental tax reform and endogenous growth [J]. Journal of Public Economics, 1997 (63): 207 -237.

[26] Bovenberg A. L. , R. A. Mooij. Environmental Taxes and labor market distortions [J]. European Journal of Political Economy, 1994b (10): 655 -683.

[27] Bovenberg A. L. , S. Smulders. Environmental quality and pollution - augmenting technological change in a two - sector endogenous growth model [J]. Journal of Public Economics, 1995 (57): 369 -391.

[28] Bovenberg A. L. , S. Smulders. Transitional impacts of environmental policy in an endogenous growth model [J]. International Economic Review, 1996 (37): 861 - 893.

[29] Bovenberg A. L. , V. D. Ploeg. Consequences of environmental tax reform for unemployment and welfare [J]. Environmental and Resource Economics, 1998a (12): 137 -150.

[30] Bovenberg A. L. , V. D. Ploeg. Environmental policy, public finance and the labor market in a second best world [J]. Journal of Public Economics, 1994 (55 - 3): 349 - 390.

[31] Bovenberg A. L. , V. D. Ploeg. Optimal taxation, public goods and Environmental policy with unvoluntary unemployment [J]. Journal of Public Economics, 1996 (62): 59 - 83.

[32] Bovenberg A. L. , V. D. Ploeg. Tax reform, structural unemployment and the environment [J]. Scandinavian Journal of Economics, 1998b (100): 593 - 610.

[33] Bovenberg A. L. Environmental Taxes and the Double Dividend [J]. Empirica, 1998 (25): 15 - 35.

[34] Bovenberg A. L. Green tax reform and the double dividend: An updated reader's guide [J]. International Tax and Public Finance, 1999 (6): 421 - 443.

[35] Buchanna J. M. External diseconomies, corrective taxes and market structure [J]. American Economic Review, 1969 (59): 174 - 177.

[36] Bye B. Environmental Tax Reform and Producer Foresight: An Intertemporal Computable General Equilibrium Analysis [J]. Journal of Policy Modeling, 2000 (22): 719 - 752.

[37] Bye B. Taxation, Unemployment and Growth: Dynamic Welfare Effects of "Green" Policies [J]. Journal of Environmental Economics and Management, 2002 (43): 1 - 19.

[38] Byrne M. M. Is growth a dirty word? Pollution, abatement and economic growth [J]. Journal of Development Economics, 1997 (54): 261 - 284.

[39] Böhringer C. , A. Löschel, H. Welsch. Environmental Taxation and Induced Structural Change in an Open Economy: The Role of Market Structure [J]. German Economic Review, 2008 (9 - 1): 17 - 40.

[40] Canton J. , A. Soubeyran, H. Stahn. Environmental Taxation and Vertical Cournot Oligopolies: How Eco - industries Matter [J]. Environmental and Resource E-

conomics, 2008 (40): 369 -382.

[41] Carlsson F. Environmental Taxation and Strategic Commitment in Duopoly Models [J]. Environmental and Resource Economics, 2000 (15): 243 -256.

[42] Carraroa B. C. , Marzio Galeottid E. B. , Massimo Gallod. Environmental taxation and unemployment: Some evidence on the "double dividend hypothesis" in Europe [J]. Journal of Public Economics, 1996 (62): 141 -181.

[43] Cech P - A. Market efficient oligopoly regulation: An incentive compatible mechanism [Z] . Evanston: Northwestern University, 1991.

[44] Celiini R. , Lambertini L. , Ottaviano G. I. P. Welfare in a differentiated oligopoly with free entry: A cautionary note [J]. Research in Economics, 2004 (58): 125 -133.

[45] Chen J. H. , et al. Growth, welfare and transitional dynamics in an endogenously growing economy with abatement labor [J]. Journal of Macroeconomics, 2009 (31): 423 -437.

[46] Chen J. H. , Lai C. C, Shieh J. H. Anticipated environmental policy and transitional dynamics in an endogenous growth model [J]. Environmental and Resource Economics, 2003 (25): 233 -254.

[47] Clinch J. P. , L. Dunne, S. Dresner. Environmental and wider implications of political impediments to environmental tax reform [J]. Energy Policy, 2006 (34): 960 -970.

[48] Conrad K. Incentive mechanisms for environmental protection under asymmetric information: A case study [J]. Applied Economics, 1991 (23): 871 -880.

[49] Cornwell A. , Creedy J. Carbon taxation, prices and inequality in Australia [J]. Fiscal Studies, 1996 (17 -3): 21 -38.

[50] Cremer H. , F. Gahvari, N. Ladoux. Environmental taxes with heterogeneous consumers: An application to energy consumption in France [J]. Journal of Public Economics, 2003 (87): 2791 -2815.

[51] Dasgupta P. , Hammond P. , Maskin E. On imperfect information and optimal pollution control [J]. Review of Economic Studies, 1980 (47): 857 –860.

[52] Den Butter F. A. G. , Hofkes M. W. Sustainable development with extractive and non – extractive use of the environment in production [D] . Rotterdam: Tinbergen Institute, 1993: 93 – 194.

[53] Dierickx I. , C. Matutes, D. Neven. Indirect Taxation and Cournot Equilibrium [J]. International Journal of Industrial Organization, 1988 (6): 385 –399.

[54] Dixit A. K. , Stiglitz J. E. Monopolistic competition and optimum product diversity [J]. American Economic Review, 1977 (67): 297 –308.

[55] Dixit A. K. Comparative Statics for Oligopoly [J]. International Economic Review, 1986 (27): 107 – 122.

[56] Dung T. H. Optimal Taxation and Heterogeneous Oligopoly [J]. Canadian Journal of Economics, 1993 (26): 933 –947.

[57] Ebert U. On the Effect of Effluent Fees under Oligopoly: Comparative Static Analysis [D] . Oldenburg : Department of Economics, University of Oldenburg, 1992: 82 –91.

[58] Fredriksson P. G. , N. Gaston. The "greening" of trade unions and the demand for eco – taxes [J]. European Journal of Political Economy, 1999 (15): 663 –686.

[59] Frei C. W. , P. A. Haldi, G. Sarlos. Double – dividend analysis with SCREEN: An empirical study for Switzerland [J]. Energy Policy, 2005 (33): 633 – 650.

[60] Fujiwara K. Environmental policies in a differentiated oligopoly revisited [J]. Resource and Energy Economics, 2009 (31): 239 –247.

[61] Fullerton D. , G. Heutel. The general equilibrium incidence of environmental taxes [J]. Journal of Public Economics, 2007 (91): 571 –591.

[62] Fullerton D. , S. R. Kim. Environmental investment and policy with distor-

tionary taxes and endogenous growth [J]. Journal of Environmental Economics and Management, 2008 (56): 141 –154.

[63] Germain M. Extemalitts taxation et traitement de la pollution dans le cadre d'un duopole de Cournot [J]. Recherches Economiques de Louvain, 1989 (55): 273 –292.

[64] Glomm G., D. Kawaguchi, F. Sepulveda. Green taxes and double dividends in a dynamic economy [J]. Journal of Policy Modeling, 2008 (30): 19 –32.

[65] Goel R. K., E. W. T. Hsieh. Market Structure, Pigouvian Taxation and Welfare [J]. American Economic Journal, 1997 (6 –2): 128 –137.

[66] Goodstein E. Labor supply and the double – dividend [J]. Ecological Economics, 2002 (42): 101 –106.

[67] Goulder L. Environmental taxation and the "double dividend": A reader's guide [J]. International Tax and Public Finance, 1995 (2): 157 –183.

[68] Gradus R., Smulders S. The trade – off between environmental care and long – term growth: Pollution in three prototype growth models [J]. Journal of Economics, 1993 (58): 25 –51.

[69] Grimaud A., F. Tournemaine. Why can an environmental policy tax promote growth through the channel of education [J]. Ecological Economics, 2007 (62): 27 –36.

[70] Heijdra B. J., et al. Environmental quality, the macro – economy and intergenerational distribution [J]. Resource and Energy Economics, 2006 (28): 74 –104.

[71] Heijnen P., L. Schoonbeek. Environmental groups in monopolistic markets [J]. Environmental and Resource Economics, 2008 (39): 379 –396.

[72] Holmlund B., A. S. Kolm. Environmental Tax Reform in a Small Open Economy with Structural Unemployment [J]. International Tax and Public Finance, 2000 (7): 315 –333.

[73] Honkatukia J. Are There Double Dividends in Finland? [D]. Helsinki: Helsinki School of Economics and Business Administration, 1997.

[74] Huang C. H., D. Cai. Constant returns endogenous growth with pollution control [J]. Environmental and Resource Economics, 1994 (4): 383 - 400.

[75] Håkonsen L., L. Mathiesen. CO_2 - stabilization may be a "no - regrets" Policy [J]. Environmental and Resource Economics, 1997 (9 - 2): 171 - 198.

[76] Innes R., C. Kling, J. Rubin. Emission permits under monopoly [J]. Natural Resource Modeling, 1991 (5): 321 - 343.

[77] IPCC. Climate Change 1995: Economic and Social Dimensions of Climate Change, Contribution of Working Group Ⅲ to the 2nd Assessment Report of the Intergovermental panel on climate change [M]. New York: Cambridge University Press, 1996.

[78] Jorgenson D. W., P. J. Wilcoxen. Reducing US carbon dioxide emissions: An econometric general equilibrium assessment [J]. Resource and Energy Economics, 1993 (15 - 1): 7 - 25.

[79] Kato K. Can allowing to trade permits enhance welfare in mixed oligopoly [J]. Journal of Economics, 2006 (88): 263 - 283.

[80] Kato K. Emission quta versus emission tax in a mixed duopoly [J]. Environmental Economic Policy Study, 2011 (13): 43 - 63.

[81] Katsoulacos Y., A. P. Xepapadeas. Emission tax and market structure [C]//Katsoulacos Y., Xepapadeas A. Environmental policy and market structure [M]. Dordrecht, Netherlands: Kluwere Academic Publishers, 1996.

[82] Katsoulacos Y., A. P. Xepapadeas. Environmental Policy under Oligopoly with Endogenous Market Structure [J]. The Scandinavian Journal of Economics, 1995, 97 (3): 411 - 420.

[83] Katsoulacos Y., A. P. Xepapadeas. Pigouvian Taxes under Oligopoly [J]. Scandinavian Journal of Economics, 1995 (97): 411 - 420.

[84] Katz M. L. , H. S. Rosen. Tax Analysis in an Oligopoly Model [J]. Public Finance Quarterly, 1986 (13): 3 -20.

[85] Kerkhof A. C. , et al. Taxation of multiple greenhouse gases and the effects on income distribution: A case study of the Netherlands [J]. Ecological Economics, 2008 (67 -2): 318 -326.

[86] Kim J. C. , K. B. Chang. An Optimal Tax/Subsidy for Output and Pollution control under Asymmetric Information in Oligopoly Market [J]. Journal of Regulatory Economics, 1993 (5): 183 -197.

[87] Kirchgässner G. The Double Dividend Debate: Some Comments from a Politico - Economic Perspective [J]. Empirica, 1998 (25): 37 -49.

[88] Kohn R. E. The effect of environmental taxes on the volume of international trade [J]. Ecological Economics, 2000 (34): 77 -87.

[89] Kort P. M. Pollution control and the dynamics of the firm: The effects of market - based instruments on optimal firm investments [J]. Optimal Control Applications and Methods, 1996 (17 -4): 267 -279.

[90] Koskela E. , R. Schöb. Alleviating Unemployment: The Case for Green Tax Reform [J]. European Economic Review, 1999 (43): 1723 -1746.

[91] Kwerel E. To tell the truth: Imperfect information and optimal pollution control [J]. Review of Economic Studies, 1977 (44 -3): 595 -601.

[92] Labandeira X. , J. Labeaga. Combining input - output analysis and micro - simulation to assess the effects of carbon taxation on Spanish households [J]. Fiscal Studies, 1999 (20 -3): 303 -318.

[93] Lahiri S. , Ono Y. Relative emission standard versus tax under oligopoly: The role of free entry [J]. Journal of Economics, 2007 (91): 107 -128.

[94] Lange A. , Requate T. Emission taxes for price - setting firms: Differentiated commodities and monopolistic competition [A] //Petrakis E. , Sartzetakis E. S. , Xepapadeas A. Environmental regulation and market power: Competition, time consis-

tency and international trade [M] . Edward Elgar, Cheltenham, UK, 1999.

[95] Larson E. R. Distributional effects of environmental taxes on transportation: Evidence from Engel curves in the United States [J]. Journal of Consume Policy, 2006 (29): 301 –318.

[96] Laura Marsiliani, Thomas I. Renström. Imperfect Competition, Labour Market Distortions, the Double Dividend Hypothesis [Z] . Theory and Evidence from Italian Data, Note di lavoro, 2000.

[97] Levin D. Taxation within Cournot Oligopoly [J]. Journal of Public Economics, 1985 (27): 281 –290.

[98] Ligthart J. E. , van der Ploeg F. Sustainable growth and renewable resources in the global economy [A] //Carraro C. Trade, Innovation, Environment [M] . Kluwer Academic, Netherlands, 1994.

[99] Loeb M. , Magat W. A. A decentralized method for utility regulation [J]. Journal of Law and Economics, 1979 (22): 399 –404.

[100] Mayeres I. , S. Proost. Marginal tax reform, externalities and income distribution [J]. Journal of Public Economics, 2001 (79): 343 –363.

[101] McKitrick R. A Cournot mechanism for pollution control under asymmetric information [J]. Environmental and Resource Economics, 1999 (14): 353 –363.

[102] Mckitrick R. Double dividend environmental taxation and Canadian carbon emissions control [J]. Canadian Public Policy/Analyse de Politiques, 1997 (23 –4): 417 –434.

[103] Metcalf G. E. , M. H. Babiker, J. Reilly. A Note on Weak Double Dividends [J]. Topics in Economic Analysis & Policy, 2004 (4 –1) .

[104] Metcalf G. E. A distributional analysis of green tax reforms [J]. National Tax Journal, 1999 (52): 655 –681.

[105] Mohtadi H. Environment, growth and optimal policy design [J]. Journal of Public Economics, 1996 (63): 119 –140.

[106] Moraga – Gonzalez J. L. , Padron – Fumero N. Environmental policy in a green market [J]. Environmental and Resource Economics, 2002 (22): 419 –447.

[107] Nagurney A. , K. K. Dhanda. Noncompliant oligopolistic frms and marketable pollution permits: Statics and dynamics [J]. Annals of Operations Research, 2000 (95): 285 –312.

[108] Nakada M. Does environmental policy necessarily discourage growth [J]. Journal of Economics, 2004 (81): 249 –275.

[109] Nielsen S. B. , L. H. Pedersen, P. B. Sørensen. Environmental policy, pollution, unemployment and endogenous growth [J]. International Tax and Public Finance, 1995 (2): 183 –204.

[110] Oates W. E. and D. L. Strassmann. Effuent fees and market structure [J]. Journal of Public Economics, 1984 (24): 177 –194.

[111] Evaluating Economic Instruments for Environmental Policy [Z] . OECD, 1997.

[112] Ohori S. Environmental tax, trade and privatization [J]. The Kyoto Economic Review, 2004 (73): 109 –120.

[113] Ohori S. Optimal environmental tax and level of privatization in an international duopoly [J]. Journal of Regulatory Economics, 2006 (29): 225 –233.

[114] Okuguchi K. , T. Yamazaki. Ad Valorem and Specific Taxes and Optimal Pigouvian Tax within Cournot – Oligopoly [J]. Keio Economic Studies, 1994 (31): 25 –32.

[115] Okuguchi K. Unified Approach to Cournot Models: Oligopoly, Taxation and Aggregate Provision of a Pure Public Good [J]. European Journal of Political Economy, 1993 (9): 233 –245.

[116] Oladosu G. , A. Rose. Income distribution impacts of climate change mitigation policy in the Susquehanna River Basin Economy [J]. Energy Economics, 2007 (29): 520 –544.

[117] Ono T. Environmental tax policy in a model of growth cycles [J]. Economic Theory, 2003 (22): 141 - 168.

[118] Ono T. Environmental tax reform in an overlapping - generations economy with involuntary unemployment [J]. Environmental Economics and Policy Studies, 2008 (9): 213 - 238.

[119] Pearce D. The role of carbon taxes in adjusting to global warming [J]. The Economic Journal, 1991 (101): 938 - 948.

[120] Pezzy J. C. V., A. Park. Reflections on the Double Dividend Debate The Importance of Interest Groups and Information Costs [J]. Environmental and Resource Economics, 1998 (11 - 3 - 4): 539 - 555.

[121] Pissarides C. A. The Impact of Employment Tax Cuts on Unemployment and Wages; The Role of Unemployment benefits and Tax Structure [J]. European Economic Review, 1998 (42 - 1): 155 - 183.

[122] Proost S., D. Van Regemorter. Economic effects of a carbon tax with a general equilibrium illustration for Belgium [J]. Energy Economics, 1992 (4): 136 - 149.

[123] Rapanos V. T. The effects of environmental taxes on income distribution [J]. European Journal of Political Economy, 1995 (11): 487 - 501.

[124] Repetto R. et al. Green Fees: Howa Tax Shift Can Work for the Environment and the Economy [M]. New York: World Resources Institute, 1992.

[125] Requate T. Equivalence of effluent taxes and permits for environmental regulation of several local monopolies [J]. Economics Letters, 1993a (42 - 1): 91 - 95.

[126] Requate T. Pollution control in a Cournot duopoly via taxes or permits [J]. Journal of Economics, 1993b (58 - 3): 255 - 291.

[127] Roberts M., Spence M. Effluent Charges and Licenses under Uncertainty, Stanford University, Institute for Mathematical Studies in the Social Sciences [R]. Technical Report, 1974 (10): 146.

[128] Schoonbeek L. , F. P. de Vries. Environmental taxes and industry monopolization [J]. Journal of Regulatory Economics, 2009 (36): 94 – 106.

[129] Schou P. Pollution externalities in a model of endogenous fertility and growth [J]. International Tax and Public Finance, 2002 (9): 709 – 725.

[130] Smith S. The Distributional Consequences of Taxes on Energy and the Carbon Content of Fuels [J]. Commission of the European Communities, European Economy—The Economics of Limiting CO_2 Emissions, Special Edition Nr1, 1992.

[131] Smulders S. , R. Gradus. Pollution abatement and long – term growth [J]. European Journal of Political Economy, 1996 (12 – 3): 505 – 532.

[132] Speck S. Energy and carbon taxes and their distributional implications [J]. Energy Policy, 1999 (27): 659 – 667.

[133] Spence M. Product selection, fixed costs and monopolistic competition [J]. Review of Economic Studies, 1976 (43): 217 – 235.

[134] Spulber D. F. Optimal environmental regulation under asymmetric information [J]. Journal of Public Economics, 1988 (35): 163 – 181.

[135] Stimming M. . Capital – Accumulation Games under Environmental Regulation and Duopolistic Competition [J]. Journal of Economics, 1999 (1 – 69 – 3): 267 – 287.

[136] Strand J. Efficient Environmental Taxation under Worker – Firm Bargaining [J]. Environmental and Resource Economics, 1999 (13): 125 – 141.

[137] Symons L. , S. Speck, J. Proops. The Distributional Effects of European Pollution and Energy Taxes [Z]. Paper presented at the conference: "The International Energy Experience: Markets, Regulations and Environment", 1997.

[138] Takeda S. The double dividend from carbon regulations in Japan [J]. Journal of the Japanese and International Economics, 2007 (21): 336 – 364.

[139] Tanguay G. A. . Strategic Environmental Policies under International Duopolistic Competition [J]. International Tax and Public Finance, 2001 (8): 793 – 811.

[140] Terkla D. The efficiency value of effluent tax revenues [J]. Journal of Environmental Economics and Management, 1984 (11): 107 – 123.

[141] Tiezzi S. The welfare effects and the distributive impact of carbon taxation on Italian households [J]. Energy Policy, 2005 (33): 1597 – 1612.

[142] Toshimitsu T. Effect of a tariff on the environment and welfare: The case of an environmental differentiated duopoly in a Green market [J]. Japan and the World Economy, 2008a (20): 114 – 128.

[143] Toshimitsu T. On the effects of emission standards as a non – tariff barrier to trade in the case of foreign Betrand duopoly: A note [J]. Resource and Energy Economics, 2008b (30): 578 – 584.

[144] Ulph A. Harmonization and optimal environmental policy in a federal system with asymmetric information [J]. Journal of Environmental Economics and Management, 2000 (39): 224 – 241.

[145] Ulph A. Political institutions and the design of environmental policy in a federal system with asymmetric information [J]. European Economic Review, 1998 (42): 583 – 592.

[146] Van Ewijk C., Van Wijnbergen S. Can abatement overcome the conflict between environment and economic growth [J]. Economist, 1994 (143 – 2): 197 – 216.

[147] Van Heerden J., et al. Searching for triple dividends in South Africa: fighting CO_2 pollution and poverty while promoting growth [J]. Energy Journal, 2006 (27): 113 – 141.

[148] Vickers J., G. Yarrow. The British Electricity Experiment [J]. Economic Policy, 1991 (6 – 12): 187 – 232.

[149] Wagner T.. Environmental policy and the equilibrium rate of unemployment [J]. Journal of Environmental Economics and Management, 2005 (49): 132 – 156.

[150] Wang L. F. S., Wang, J. Environmental taxes in a differentiated mixed

duopoly [J]. Economic Systems, 2009 (33): 389 – 396.

[151] West S. E., R. C. Williams Ⅲ. Estimates from a consumer demand system: implications for the incidence of environmental taxes [J]. Journal of Environmental Economics and Management, 2004 (47): 535 – 558.

[152] Yanase A. Global environment and dynamic games of environmental policy in an international duopoly [J]. ournal of Economics, 2009 (97): 121 – 140.

[153] Yin X. K. Corrective Taxes under Oligopoly with Inter – Firm Externalities [J]. Environmental and Resource Economics, 2003 (26): 269 – 277.

第三章　环境税规制点源污染理论前沿
——基于 CGE 的实证研究

【内容提要】环境税规制点源污染的理论前沿，除了不同市场结构对环境税效应的影响，主要集中在有关“双重红利”效应的 CGE 实证研究方面。环境税“双重红利”假说认为，环境税改革通过返还环境税收入对扭曲性税种实施结构性减税，不仅可以获得环境方面的红利，还可以获得经济、社会等方面的红利，进而实现环境和非环境“双重红利”。早期有关环境税改革的研究围绕“双重红利”假说进行论战，并取得了丰富的理论成果；与此同时，可计算一般均衡（CGE）模型的应用，让环境税“双重红利”假说的实证研究取得了重大突破。本章围绕 CGE 模型在环境税改革研究中的应用，重点分析 1993 ~ 2016 年的 40 篇实证文献，并对“双重红利”相关研究进行综述。研究发现：①多数实证文献表明环境税改革可以获得环境红利，非环境红利仍然存在争议；②合意的制度设计和有力的政策执行可以提高“双重红利”的可能性；③有关环境税改革的研究应当更加关注影响“双重红利”的因素及如何进行制度设计以最大限度获得改革红利，同时更加注重环境税改革效应的动态均衡分析。

【关键词】环境税；双重红利；实证研究；CGE 模型；文献综述

本章以“双重红利”假说为主线，就环境税规制点源污染效应的理论研究及脉络做简要梳理，并重点就基于 CGE 模型的实证研究做归纳总结和统计分析，

在此基础上从学术研究和政策决策两个层面做出评述和预测，并对我国环境税改革提出相关政策建议。

一、引言

自 20 世纪 90 年代开始，OECD 国家开启一轮以环境税改革为核心的“绿色税收革命”以来，环境税已经在改善环境质量和引导消费习惯方面取得了巨大的成功，这又在实践上强化了各国开征环境税的激励。因而，世界各国都寄希望于环境税改革，希望通过开征环境税，缓解气候变暖、生态恶化、环境污染乃至健康领域的诸多问题。很多学者已经证明，相对于环保行政管制、排污许可交易、有偿环境服务等制度，环境税政策在保护环境、改善生态方面更具有吸引力。

关于环境税改革，很多研究很关注其环境效应和经济效应，这也是“双重红利”假说产生的逻辑起点。传统的经济学理论认为，征税会提高产品和服务的价格，进而对产品或服务自身的需求产生抑制作用。Pigou（1920）是第一个提出用税收手段实现负外部性内生化的经济学家（刘晔、周志波，2010），他的研究证明了直接对排放行为征税是促进二氧化碳减排最有效的政策手段。实证方面的很多研究证实了环境税的这种效应，但这种效应对于经济的强度和维度到底如何却并不明确。环境税改革对于整个经济的影响依赖于很多方面的因素，如制度设计和政策实施、经济结构、消费者偏好以及其他社会政治层面的因素等。根据古典经济学理论，税收让买方付出的价格和卖方收到的价格之间存在一个差距，就像打在需求价格和供给价格之间的一个“楔子”，但这个“楔子”会导致资源配置效率的损失，而政府的税收收入却不足以弥补这种经济效率和社会福利的损失。在经济学理论上，这种资源配置效率的下降就被称为税制造成的“无谓损失”或者“额外负担”。在环境税的独立效应之外，理论研究和政策领域存在一种观点，认为环境税改革在提高环境税税率的同时降低了其他扭曲性税种税负，以保持政府收入基本稳定，会导致双重收益，一方面降低负面的环境影响，另一方面提高经济运行的效率。这种双重收益就叫作“双重红利”，是环境税研究领域的一个重要概念，“双重红利”假说引发了理论界普遍而广泛的兴趣，特别是近年来随着 CGE 模型的应用，环境税“双重红利”假说得到了越来越多的关注。但是，关于“双重红利”假说，在理论上存在多种类型，并且具有多种解说（Mooij，1999）。环境税等环境经济政策对于整个经济的影响，其决定因素在于现代经济制度和社会系统的复杂程度。经济学家对于现有的分析环境经济政策的模型和理论进行了深入的研究，从传统经济学的角度看，一些应用模型和方法被用来研究制度政策和外部冲击对整个经济的效应，其中最为常用的有宏观计量模型、投入—产出模型、应用一般均衡方法等，但在更为复杂的政策评估研究中，这些方法往往被混合使用。

CGE 模型将经济中最相关的因素纳入分析，是一种最具有综合性的经济学分析方法（Dixon and Jorgenson，2012）。最近半个世纪以来，计算机和 IT 技术的快速发展和广泛应用，让 CGE 模型变得越来越复杂，这种复杂程度很多时候让非专业人士或政策制定者都难以理解，但这种方法却可以将越来越多的更为贴近现实的经济假设纳入模型分析，也让研究结论更加符合经济运行实际。另外，这些方法依赖的关于经济函数的假设条件，又往往互相矛盾。CGE 模型是一种标准的开放性分析方法，在研究包括环境税在内的环境政策效应方面，特别是在研究这些政策对资源配置和收入分配问题的影响方面，具有重要的作用和无可比拟的优越性。这种方法最初从传统的投入—产出模型发展而来，Leontief（1941）做了开创性的贡献。投入—产出模型包含了特定时期内某一地区的企业和其他经济主体之间交换的一个简单模型。现在，可以很容易地建立投入—产出模型进行政策影响分析，因为分析所需要的数据（投入产出表）在国民经济核算体系下国家统计机构都有相关的统计分析。Leontief（1941）发展了一种直接的研究方法，在一些严格的假设条件（如技术条件既定）下，评估和分析外生冲击的影响。后来，Leontief（1953）详细地阐述了动态投入—产出模型，为以后一般均衡

（CGE）模型的发展提供了更多的分析要素。Isard 等（1968）基于与投入产出表相关的经济、环境变量，提出了另外一种分析方法，以提供更多的政策选择。此后，Kneese 等（1970）运用类似的投入—产出模型分析了环境经济政策的效应。这些研究方法基本假设一项政策的环境影响或资源配置效应与产出成比例，而不做传统投入—产出分析方法关于固定参数的假设。因此，他们对外生冲击导致的技术变革不予考虑。Johansen（1960）是第一个抛弃固定参数假设，建立实证一般均衡模型的经济学家。这些具有开创意义的理论文献为 CGE 模型在环境税研究中的广泛运用奠定了坚实的基础，相关研究基本遵循着由静态到动态、由简单到复杂的发展脉络，让环境税改革的政策效应分析更加切合经济运行实际，贴近政策操作实践，为各国的环境税改革提供了重要的理论参考和科学论证。

应当说，关于环境税改革效应的实证分析中，CGE 模型和计量回归模型是最常用的方法，而 CGE 模型相较计量模型更具优势，CGE 实证分析不仅可以将各类参数和变量纳入分析，还将相对价格和数量内生化于模型，不仅可以对环境税改革的效应进行仿真模拟，还可以对环境税改革的效应进行事后评估。因此，基于 CGE 方法关于环境税改革“双重红利”假说的研究，在该领域具有举足轻重的地位，是当前以及今后一个较长时期内推动相关研究发展的主流。对这一领域的主要文献进行综述，至少在以下两个方面具有重要的意义。第一，在理论层面，对 CGE 方法在环境税改革“双重红利”假说研究领域的发展脉络做一梳理，有利于及时总结研究的经验和不足，为后续深入的研究理清思路、指引方向。第二，在实践层面，既有的基于 CGE 模型的关于“双重红利”假说的文献，在推进相关理论研究的同时，还对各国的政策实践具有隐含的政策含义，对这些研究进行综述，有利于发挥理论指导实践的作用，为我国正在推进的环保税改革提供重要的理论遵循和科学的政策论证。这也是本章的理论贡献所在。

本章对最近几十年来基于 CEG 模型分析不同国家或地区环境税改革效应的文献进行梳理总结。主要内容包括：第一，分析 CGE 框架下环境税改革的效应；第二，分析“双重红利”效应存在的条件；第三，对现有基于 CGE 的环境税改革“双重红利”效应研究文献进行 Meta 回归分析。

二、关于“双重红利”假说的理论争议

自20世纪60年代末 Tullock（1967）开始水资源税研究以来，特别是自 Pearce（1991）首次明确提出“双重红利”概念以来，有关环境税改革“双重红利”假说的理论文献已经十分丰富，Baumol（1972）、Baumol 和 Oates（1971，1988）等经济学家对其进行了十分详尽的理论阐述。我们在此基础上，围绕“双重红利”假说和 CGE 模型应用，对相关理论研究进行一个逻辑梳理和文献分析。

（一）“双重红利”理论研究概况

1. “双重红利”的基本理论逻辑

在过去的三十多年里，环境税“双重红利”假说越来越受到理论界的关注。实际上，有关环境税的研究可以上溯至福利经济学家鼻祖庇古（1920），但庇古却并未对环境税的理论机制做十分详尽的说明，也没有提出“双重红利”的概念；Tullock（1967）则明确指出，庇古税可以通过外部成本内部化来实现类似“双重红利”的效果。不过，Tullock 也并未正式提出“双重红利”概念，首次提出这一假说的是 Pearce（1991）。“双重红利”假说认为，环境税改革可能获得双重收益，即按照财政收入中性的改革原则，将环境税收入用于其他扭曲性税种的结构性减税，环境税改革提高环境税税率可以在改善环境的同时提高经济效率。这实际上是“双重红利”的最初界定，此后，理论界对其概念进行了衍生性发展。

“双重红利”的基本理论逻辑来源于两个方面：①由于环境税制度形成的激

励效应，环境质量得到了改善；②由于环境税改革将税收负担由扭曲性较高的税种转嫁到扭曲性较低的税种，经济效率得到了提升。Goulder（1995a）界定了两种类型的“双重红利”：①强式双重红利，即当环境税改革利用环境税收入为更为扭曲的税种减税筹资，不仅可以改善环境质量，还可以在总体上改善社会福利水平，因而环境税改革的总体成本很低甚至为零；②弱式双重红利，即与一次性转移支付相比，环境税收入如果用于扭曲性税种的结构性减税，环境税改革的成本会更低，同时环境质量也可以得到改善。实际上，弱式双重红利强调的是，环境税改革中环境税收入的不同返还方式的效应比较（刘晔、周志波，2010；刘晔、周志波，2015）；强式双重红利则强调环境税改革对于经济效率的影响问题，属于标准的“双重红利”。

2. 最优环境税问题

按照庇古（1920，1932）关于庇古税的定义，最优的环境税应当将负外部性问题全部内生化，相应地，最优环境税税率应当等于边际社会损害（Marginal Social Damage）。为了便于分析环境税的理论脉络，根据 Baumol 和 Oates（1988）的研究，我们将环境税 t 设定在

$$t = MSD \tag{3-1}$$

其中，MSD 就是以货币衡量的污染行为的边际社会损害，这个税率水平我们称之为庇古税水平。这样，环境税就会取得与其他扭曲性税种不同的效应，实现负外部效应的完全内生化，并且实现社会福利的整体改善。但是，围绕最优环境税问题，很多经济学家提出了不同的观点。Lee 和 Misiolek（1986）就认为，最优的环境税（污染税）税率应当高于庇古税水平，还需加上另外一个组成部分，这一组成部分被 Parry（1995）总结为收入效应（Revenue Effects）。由此，最优环境税

$$t = MSD + RE \tag{3-2}$$

其中，RE 就代表环境税改革的收入效应。实际上，收入效应代表的就是，如果环境税收入用于扭曲性税种结构性减税，环境税改革所能获得的以货币形式

衡量的社会福利的边际提高。

3. “双重红利”的理论争议

至于“双重红利”效应是否存在，经济学家们至今也未达成一致意见，在理论上争议仍然比较大。Babiker，Metcalf 和 Reilly（2003）从理论上对“双重红利”进行了分析，认为在一个存在多重扭曲性的经济中，弱式双重红利可能并不存在。Fullerton 和 Metcalf（1997）也指出，环境税“双重红利”不能作为一种普遍的效应，不能简单地说“双重红利”存在或不存在。在一些条件下，税收负担向环境税转移的过程中，可能加重整个税制的总体负担。Fullerton 和 Metcalf（1997，2001）发现三种不同的政策（涉及环境税收入的不同使用方式），对于环境和劳动力供给的影响相同，进而证明对于环境税收入支出方式的关注可能是一个理论上的误区。他们认为，在事先存在诸多扭曲性制度的经济中，一项新的环境政策对社会福利的影响，主要依赖于两个因素：一是这项政策是否产生了稀缺性租金（scarcity rents）；二是如果产生了稀缺性租金，这些租金是否被政府获取并用于其他扭曲性税种的减税。

Bohm（1997）对有关“双重红利”假说的理论文献做了一个总结并发现，与一次性转移支付或者其他行政控制手段相比，如果环境税收入用于最有效（或者社会福利最大化）的途径，那么环境税改革的第二重红利（即非环境红利或经济红利）往往是正的。此后，Bento 和 Jacobsen（2007）对传统的模型分析进行了拓展，将固定生产要素引入污染产品的生产函数，进而允许李嘉图租金（Ricardian rents）的存在，并论证了通过将环境税收入用于扭曲性税种结构性减税，环境税如何获得“双重红利”效应。Fernández，Pérez 和 Ruiz（2011）建立了一个增长内生化的经典动态一般均衡模型，假设家庭偏好产生环境负外部性，企业利用污染要素生产的过程中排放二氧化碳，并造成全球气候问题。结果发现，无须对生产结构或者税制结构以及各种生产外部性做出复杂假设，一系列绿色税制改革方案都是可行的，并且满足“双重红利”假说。他们认为，之所以出现这样的结果是因为，环境税改革考虑了政府发行公债以及对公债实施跨期预算均衡管理等因素。Orlov，Grethe 和 McDonald（2013）研究了环境税（碳税）对世界上能源和碳密集程度最高的经济体——俄罗斯的产业部门和宏观经济的整体影响，分析了环境税改革“双重红利”效应的可能性。研究表明，用碳税代替劳动税收（labor taxes）可以减少温室气体排放并提高社会福利、提升税收制度效率，即存在环境红利和效率红利，从而“强式双重红利”效应成立。同时，研究还证明，当资本不具有国际流动性时，“双重红利”效应在以下三种情况下最可能出现：①劳动力供给的弹性很高；②劳动力与资本—能源要素集合之间的替代弹性很高；③资本和能源之间的替代弹性很低。劳动力与资本要素之间的税负转移效应（tax – shifting effects）是最为关键的；相比之下，如果资本具有国际流动性，环境税改革带来的社会福利损失可能是巨大的。

4. 有关“就业双重红利”的研究

一些理论研究发现，环境税改革的实施也可能产生就业红利（employment dividend）效应（Strand，1998；Bye，2000；Wagner，2005），就业红利在一些文献中又被称作“第三重红利”（third dividend）。当环境税改革在改善环境、提高经济效率的同时，还能够提高就业水平，就出现了事实上的“第三重红利”，这实际上就是“就业双重红利”，也叫“三重红利”效应。即便实际收入或者非环境福利没有增加，就业也可能提高。在诸如欧盟这样的经济体中，就业问题可能是政府优先考虑的问题。如果环境税改革可以促进就业增长，甚至获得“就业双重红利”，就为各国政府推进环境税改革提供了最大的理论支撑（刘晔、周志波，2010）。

Bovenberg 和 Goulder（2002）描述了在 CGE 框架下，环境税改革带来就业双重红利的情形。根据他们的分析，环境税改革促进就业的关键在于，改革将税收负担从劳动力要素向其他生产要素转嫁，特别是在劳动力—资本两要素生产函数模型中，就业红利在两种情形下可能出现：①与其他行业相比，环境税重点征收的行业具有劳动密集程度低的特征；②环境税征收的税款收入主要用于劳动工薪类税收而非资本相关税收的减税。有一些关于环境税的研究，在工资内生化模型框架中，分析了环境税改革如何影响均衡的失业水平（Bovenberg and Van Der Ploeg，1998；Koskela and Schöb，1999；Nielsen，Pedersen，and Sørensen，1995；Schneider，1997）。Bovenberg 和 Goulder（2002）指出，这些模型中，环境税改革对于就业水平的影响，主要依赖于改革对失业保险金（或失业救济金）的影响。如果失业救济金是就业状态下工资收入的一个固定比例，被雇用的员工是环境税负担的承担者（Layard，Nickell and Jackman，1991）。Koskela 和 Schöb（1999）发现，在一个工会与雇主集体议价的工资市场框架下，环境税改革对就业水平的影响依赖于对失业救济金的税收政策。如果失业救济金既不缴纳个人所得税，也不根据消费价格指数进行调整，那么，环境税改革就可能提升就业水平。

（二）对“双重红利”假说的批评

在环境税“双重红利”假说的研究受到越来越多关注、引发世界各国政府重视的同时，一些学者却认为“双重红利”不太可能存在。主要理论逻辑在于：①由于环境税带来的激励效应，可能形成正向的环境效应，进而获得“环境红利”，这一点已被广泛认可；②通过扭曲性税种的结构性减税而实行“财政中性”的环境税改革，是否能够减轻经济中的非效率问题，却是不确定的。一些很有影响力的经济学家对第二个问题提出了质疑，并对环境税“双重红利”假说提出了批评。Bovenberg 和 De Mooij（1994a）就是早期的批评者之一，他们认为，环境税不是减轻了而是加重了原有的税制扭曲问题，即便环境税收入用于扭曲性税种结构性减税，仍然避免不了这样的问题。Bovenberg 和 De Mooij（1994b）进一步采用静态 CGE 模型进行分析发现，除非劳动力供给曲线是“向后弯曲的”（backward - bending），否则不可能存在“双重红利”效应，但实证研究方面的文献却又不支持劳动力供给曲线具有“向后弯曲”的特征。Bovenberg 和 Van Der Ploeg（1994）将劳动力市场的工资刚性因素引入模型，并考虑了失业问题，结果发现在一个存在非自愿失业的小型开放经济中，如果劳动力在生产要素中的贡献份额很大，并且政府原先在资源和利润方面税收的税率很低，进而劳动力和资源之间的替代性很强，双重红利效应就可能出现。

Parry（1995）从理论上分析了环境税收入用于劳动力要素相关税收减税的情况，并认为环境税存在三种效应：①边际损害减少效应（marginal - damage reduction effect），即我们前文所说的 MSD；②收入效应（revenue effect），即前文所说的 RE；③交叉影响效应（interdependency effect）。前面两种效应得到了普遍关注，但第三种效应却被很多研究所忽略，因而对于最优环境税的分析存在问题。他还指出，环境税在劳动力市场和资本市场筹集的收入和获得的效率提升，被就业和投资的减少所抵消。McKitrick（1997）对 Parry（1995）的观点做了如下的解释：假设一个经济体中，政府的财政预算完全通过对劳动力要素收入按比例征税来筹集，环境税会提高生产的成本，进而增加消费产品的成本并降低真实工资水平，而真实工资水平的降低会导致劳动力供给的下降，从而所得税的超额负担将明显地上升。环境税对污染行为或产品征税，导致劳动力市场的扭曲加重，这就是所谓的"交叉影响效应"。环境税的交叉影响效应会导致社会福利的损失，因而，如果考虑这一因素，最优环境税水平就与 Lee 和 Misiolek（1986）的结论有所差异。Fullerton（1997）假设其他税种的税率都为零，并考虑交叉影响效应，也得出了类似的结论。因此，同时考虑边际损害减少效应、收入效应和交叉影响效应，最优环境税水平应当为

$$t = MSD + RE - IE \tag{3-3}$$

其中，IE 表示交叉影响效应。如果 $RE > IE$，那么最优环境税税率应当低于边际社会损害或边际外部性；如果 $RE < IE$，那么最优环境税税率应当高于边际社会损害或边际外部性；如果 $RE = IE$，那么最优环境税税率应当等于边际社会损害或边际外部性，与庇古税税率相同。

沿着 Parry（1995）的分析思路和研究结论，Oates（1995）指出，很多针对污染行业的政策措施没有评估主要的负面影响，环境税"双重红利"假说不太可能实现。Bovenberg 和 Goulder（1997）利用 CEG 模型进行分析，也没有发现"双重红利"效应。他们进而得出结论：环境税是对生产要素的隐形税收，

不仅像所得税一样会造成要素市场的扭曲问题，还会在其他市场造成额外的扭曲效应。他们进一步指出，以往关于环境税改革的文献，没有考虑原有的劳动力和资本要素相关税收制度的非效率性问题，因而并未给“双重红利”效应的存在提供多少实质性的证据。尽管这些学者认为获得“双重红利”效应十分困难，他们也承认，如果原有的税收制度从非环境的角度来看不是最优的，那么，像环境税这样的财政制度改革可能会在减少污染排放的同时，提高经济效率，实现整个社会的“帕累托改进”（Bovenberg，1994；Carraro and Soubeyran，1996）。

类似地，Fullerton，Leicester 和 Smith（2008）指出，环境税改革获得“双重红利”的可能，既不能简单地肯定，也不能武断地排除，“双重红利”实际上依赖于改革所处的环境。他们进一步分析了“双重红利”可能出现的三种情形和条件：①如果对一种与无法控制的污染相关的产品征收的环境税低于最优环境税，那么提高环境税水平是可能获得“双重红利”的；②如果这种产品的环境税已经处在最优环境税税率水平上，那么，环境税税率的进一步提高，只能带来环境红利；③如果污染已通过行政控制手段管制，那么提高环境税税率水平可能连最基本的环境红利都无法实现；④如果这种产品已被征收了高于最优税率水平的环境税，那么，进一步提高环境税只会带来社会福利的整体降低。在这些学者看来，只要税收制度和环境政策改革衔接得比较顺畅，环境税改革能够实现几重红利，只与改革对社会整体福利的净效应相关，而与改革本身没有关系。

如果考虑环境税改革的交叉影响效应，特别是当交叉影响效应为负时，可能导致最优的环境税低于以货币衡量的污染对环境的边际损害。这也让很多经济学家研究环境税改革获得“双重红利”效应的必要条件，在这一领域 Bovenbeg 和 Goulder（2002）的研究具有很强的代表性。他们提出了“双重红利”假说成立的必要条件：①经济中事先存在对生产要素的扭曲性税收，并且新的税收将税收负担从扭曲性较大的要素向扭曲性较小的要素转移；②最先的要素供给必须缺乏弹性，并且相对而言征税不足；③资本缺乏国际流动性；④能源与劳动力之间的替代弹性大于能源与资本之间的替代弹性；⑤实际工资对于失业率不具有弹性，因而劳动力要素相关税收的减税效应不会被工资的增长所抵消。更进一步，如果模型假设经济中事先只有劳动力一种生产要素，环境税改革“双重红利”效应存在的条件有：①环境质量的改善可以提升工作时间相对于闲暇的边际价值；②环境质量的改善可以提升劳动力的生产效率；③相对于污染型产品，清洁型产品对于闲暇的替代性更强（即污染型产品是闲暇的互补品）；④污染行为被补贴；⑤政府事先对产品和服务的税收具有很强的扭曲性；⑥由于劳动力市场存在不完全竞争因素，经济中存在非自愿性失业问题。最近，Goulder（2013）发现，在相对简单和中性的条件下，“双重红利”假说不成立，因为环境税的征税范围比其所替代的税种的征税范围更窄。这一结论的启示在于：如果过度关注环境税改革的非环境红利，就不应该用环境税这种税基很窄的税种去替代税基很广的税种。Goulder（2013）认为，一个税种的征税范围越窄，经济主体就越容易通过行为的调整来逃避纳税义务，这种行为调整意味着效率的损失。他关于“双重红利”假说成立的必要条件可以概括为四点：①与资本和劳动力要素相关的税收缺乏效率；②对资源租金的税收过低而缺乏效率；③劳动力市场不成熟，且对非正规劳动收入的税收过低而缺乏效率；④环境质量与劳动生产效率之间存在显著的正相关关系。

（三）对“双重红利”假说质疑的回应及最新研究进展

McKitrick（1997）指出，批评环境税“双重红利”假说的文献，一般基于简单的局部或一般均衡模型，假设经济中只有一个典型企业，企业具有线性生产函数，没有储蓄、投资、固定资产，也没有中间产品或中间贸易，只有劳动力一种生产要素，经济中事先仅存在一两种类似增值税的税种。McKitrick（1997）考虑到是否存在“双重红利”这一结论对于污染产品和劳动力供给（或者闲暇需求）的替代弹性十分敏感，对 Parry（1995）建立的简单均衡模型提出了明确的批评，因为 McKitrick（1997）关于弹性的数值设定，导致了最优环境税应当设置在边际社会损害（MSD）63%～78%的结论。他还指出，即使是简单的模型，对“双重红利”可能性的预测也是难以确定的。Schöb（1997）发现，在Bovenberg和De Mooij的研究与其他支持“双重红利”假说的研究之间，存在一种潜在的差异，即他们对次优环境下的最优环境税（second－best optimal environmental tax）的定义不相同。

Van Heerden等（2006）发现，经济中只存在劳动力这种生产要素的假设，使得环境税像一种对劳动力要素的隐形税收，并造成劳动力供给的下降（Fullerton and Metcalf，1997；Goulder，Parry and Burtraw，1997）。由于环境税不仅对劳动力市场造成了扭曲，还通过降低污染型产品的需求（这也是环境税改革的基本目标），对产品市场造成了扭曲，将环境税收入返还用于劳动力要素相关税收减税，只能部分地补偿环境税抑制劳动力供给的效应。Bovenberg和De Mooij（1994a，1994b）假设政府对污染型产品的税收设定在庇古税税率水平上，因此，在不同产品上的消费分配导致的额外扭曲效应，必然降低社会整体福利水平。实际上，Van Heerden等（2006）将更多的生产要素纳入模型分析，使得“双重红利”效应的可能性明显提高，因为环境税改革将税收负担由过度征税的要素向征税不足的要素转移。

此外，一些研究者将质疑“双重红利”假说相关文献未考虑的一些因素纳入分析模型，并对相关的批判作出了回应。Williams（2002）在一个与Parry（1995）类似的模型中对环境税改革效应进行分析，结果发现，除了Parry提出的边际损害效应（MSD）、收入效应（RE）和交叉影响效应（IE）之外，环境税改革通过减少污染排放还存在另外一种交叉影响效应，即“收益侧税收反馈效应”（benefit－side tax－interaction effect，BTE），这种效应的存在可能产生“双重红利”效应。为了区分两种交叉影响效应，他将交叉影响效应重新命名为“成本侧税收反馈效应”（cost－side tax－interaction effect，CTE）。于是，最优环境税的表达式变为

$$t = MSD + RE - IE + BTE \qquad (3-4)$$

Williams（2002）的研究表明，环境税通过减少污染排放提高了劳动力生产

效率，收益侧税收反馈效应（BTE）会产生一个福利提升的效果，但当环境税在提高固定要素生产效率或者减少医疗支出时，这种反馈效应却会导致社会福利的损失。同时，当污染排放减少使得人们生病的时间减少，收益侧税收反馈效应既可能导致社会福利提升，也可能导致社会福利下降，而一般的实证研究表明社会福利变量的系数通常为负，即收益侧税收反馈效应造成了福利损失。实际上，早在 20 世纪 90 年代，Gruver 和 Zeager（1994）就考虑到环境质量的变化对要素生产效率的影响了。

其他一些学者通过将更多的经济运行因素纳入模型，分析以往研究漏掉的各种可能的效应，进而影响税收反馈效应的大小，来反驳对“双重红利”假说的质疑。例如，Bento 和 Jacobsen（2007）将一种个别经济部门独具的生产要素纳入模型进行分析，并提出了环境税“双重红利”假说必须考虑的另外两种效应：①李嘉图租金效应（Ricardian rent effect，RRE），即由于特定经济部门从独有生产要素中获得的李嘉图租金减少造成的真实收入降低的效应；②代理税收效应（surrogate tax effect，STE），即代表性消费者从特定经济部门获得的收入减少，进而对劳动力供给形成正向的收入效应。他们认为，由于特定经济部门通过生产污染型产品来产生以上两种效应，使得最优环境税上升了，进而弱化了税收反馈效应，让“双重红利”假说的可能性进一步提高了。如果考虑李嘉图租金效应和代理税收效应，最优环境税的表达式就变为

$$t = MSD + RE - IE + BTE + RRE + STE \tag{3-5}$$

其中，*RRE* 为李嘉图租金效应，*STE* 为代理税收效应。此外，Fraser 和 Waschik（2013）特别关注特定生产要素对“双重红利”效应大小的影响。他们发现，“双重红利”效应受三个方面的因素影响：一是特定部门专有生产要素，二是劳动力供给和税收反馈效应，三是对于环境税收入返还机制和环境税（碳税）税基的选择。

三、关于“双重红利”假说的实证研究——基于CGE模型的分析

鉴于近年来CGE分析方法对环境税改革实证研究作出了重大贡献，并代表了该领域的理论前沿，在对“双重红利”理论研究进行梳理总结后，我们对基于CGE模型的实证文献进行分析。首先，对早期有关“双重红利”的实证研究进行梳理概括，这也是近年来实证研究最新进展的重要基础，对于理解理论前沿具有重要的作用。其次，按照相关研究的地理区域进行分类，将20世纪90年代至今的重要实证文献进行梳理和回归分析，并对其做出评述。

（一）“双重红利”假说的早期实证研究

1. CGE模型在“双重红利”假说领域的源起

CGE模型在环境税领域的应用最早可以追溯至Johansen（1960），但真正将CGE模型引入环境税“双重红利”假说研究的则是Jorgenson和Wilcoxen（1993），他们利用静态CGE模型分析美国碳税改革的效应发现，如果碳税收入用于资本要素相关税收减税，碳税改革可以获得“强式双重红利”效应；但如果碳税收入用于劳动力要素相关税收减税，碳税改革不存在“强式双重红利”效应。Goulder（1995）利用一个跨期CGE模型分析美国环境税的影响，发现不存在“双重红利”效应，但如果环境税收入用于个人所得税等扭曲性税种减税，可以明显地降低环境税改革的成本。在他的模型中，考虑了不可再生资源的供应动态变化（包括石油和天然气储备的枯竭）、从传统燃料到合成燃料的过渡以及Jorgenson – Wilcoxen模型中的资本不完全流动性等因素。Böhringer和Pahlke（1997）也运用动态CGE模型进行分析，但并未发现“强式双重红利”效应。此

后，Bye（2000）在一个跨期 CGE 模型中分析了挪威碳税改革的非环境效应，结果发现，如果用碳税收入为劳动所得（工薪）税减税筹资，碳税改革可以获得“双重红利”。Bye（2003）与 Jorgenson 和 Wilcoxen（1993）的研究，有三个方面的差别：一是挪威资本要素税收的超额负担比美国的劳动所得税收的超额负担高得多，劳动要素的边际超额负担也非常高；二是小型开放经济的分析框架意味着利率和出口价格由世界市场决定；三是资本具有国际流动性的假设意味着金融资本的净储蓄与真实资本的净投资之间可能没有必然联系。

2. “双重红利”假说早期 CGE 实证研究

Capros 等（1996）运用 CGE 模型对 12 个欧洲国家的模拟发现，如果劳动力供给的灵活性足够重要，那么环境税改革可以获得“就业双重红利”。Carraro，Galeotti 和 Gallo（1996）运用一个计量 CGE 模型对欧盟 12 个国家进行模拟，发现环境税改革“就业双重红利”假说成立，但这种效应仅在短期内存在。Barker（1999）运用一个 CGE 凯恩斯模型对欧洲环境税改革的效应进行分析，结果发现存在显著的“强式双重红利”效应。Bernard 和 Vielle（1999）运用 CGE 模型对法国的实证分析表明，环境税改革存在“强式双重红利”效应。Kemfert 和 Welsch（2000）利用计量方法估计了德国资本、劳动力和能源之间的替代弹性，进而在一个动态 CGE 模型中分析了碳税的效应。结果表明，当碳税收入用于降低劳动力成本，即降低社会保险费率时，碳税改革不仅获得了“就业双重红利”，还获得了“增长双重红利”，即碳税改革在促进环境改善的同时，促进了经济增长和就业水平提高。Bach 等（2002）也研究了德国环境税改革的效应，他们同时运用了投入—产出计量分析模型和 CGE 模型，两种研究方法都表明，德国环境税改革获得了“就业双重红利”效应。Conrad 和 Löschel（2005）指出，将环境税收入返还用于雇主降低非工资性劳动力成本，依赖于对劳动力成本模式的构建。他们利用 CGE 模型对德国环境税改革进行了两种模拟：碳税的目标是要实现德国二氧化碳排放量比 1990 年降低 21%，但结果表明，只有在雇主决定劳动力成本价格的模式下才会出现“双重红利”；而在市场决定劳动力价格的模式下不存在“双重红利”。Labandeira，Labeaga 和 Rodríguez（2004）在 CGE 分析框架下，发现西班牙碳税收入用于社会保险降费，碳税改革获得了“双重红利”效应。之后，Labandeira，Labeaga 和 Rodríguez（2009）模拟了西班牙能源产品消费税提升 20% 的效应，假设将其收入按比例用于其他所有产品和服务间接税减税，结果发现这种环境税改革方案可以获得“增长双重红利”效应，拉动 GDP 增长约一个百分点，而对就业和劳动力、资本要素的真实价格几乎没有影响。André，Cardenete 和 Velázquez（2005）模拟了环境税改革在西班牙安达卢西亚地区的影响。他们假设对二氧化碳和二氧化硫排放征税，按照“财政收入中性”的原则，将环境税收入用于个人所得税或者雇主缴纳社会保险税减税，研究表明，当对二氧化碳征税，其收入用于降低雇主缴纳社会保险税税率时，环境税改革实现了“双重红利”（环境质量改善的同时，经济效率提升）；但当环境税收入用于个人所得税减税时，不存在“双重红利”效应。Manresa 和 Sancho（2005）同样对西班牙环境税改革进行了 CGE 实证研究，结果表明，如果对能源产品征收环境税，其收入用于工资税减税，会出现“双重红利”效应；但如果仅考虑对特定能源产品（如汽油）征税，将会造成更大的经济扭曲，并且不会出现“双重红利”。此外，Böhringer，Conrad 和 Löschel（2003）采用一种与众不同的方式运用 CGE 模型研究了环境税改革的效应问题。他们模拟了德国和印度这两个国家共同实施环境税改革的效应，并比较环境税在一国范围内实施和同时在两国范围内实施的效应有何差别。在大型 CGE 模型的分析框架下，研究发现，如果同时在德国和印度实施，环境税改革可以抵消碳排放约束对德国的负面影响，并提升德国的就业水平。

尽管最初关于环境税“双重红利”假说的实证研究大多以美国和欧洲国家为对象，但在早期的实证文献中也有关于其他国家的分析，如 McKitrick（1997）运用 CGE 模型模拟加拿大环境税改革效应，发现将环境税收入用于劳动力要素税收（工薪税）减税时存在“双重红利”效应，但如果环境税收入用于一次性转移支付时，“双重红利”假说不成立。最早关于中国环境税效应的实证模拟是 Garbaccio，Ho 和 Jorgenson（1999）的研究，这也是有关亚洲环境税改革最早的实证文献。他们运用动态 CGE 模型，假设环境税收入同比例地用于其他所有税种的结构性减税，对计划经济体制和市场经济体制同时做出模拟，结果发现中国环境税改革可以获得“双重红利”效应。Wendner（2001）是第一个利用 CGE 模型实证分析澳大利亚环境税改革效应的学者，研究表明，如果碳税收入一部分用于降低社保退休福利金缴费，一部分用于降低劳动力成本，那么碳税改革可以获得“双重红利”效应。Boyd 和 Ibarrarán（2002）利用 CGE 模型分析墨西哥环境税是否能够获得“双重红利”效应，但研究发现，除非在十分特殊的情形下，没有证据支持“双重红利”假说。他们进一步指出，只有墨西哥经济的技术变革率非常高（达到 5% ~6%）时，所有收入阶层才可能同时减少二氧化碳排放，并实现福利水平的提升。

3. 对早期“双重红利”CGE 实证研究的评述

Bosquet（2000）对 56 篇关于环境税改革效应的实证文献进行了总结分析，这些文献采用了如局部均衡、CGE、宏观经济、投入—产出等模型方法，也对经济做出了许多不同的假设。Bosquet 最后总结认为，当环境税收入用于劳动力要素相关税收减税，在中短期内，环境税可以显著地减少污染排放，对就业的促进作用不大，对边际产出水平既可能有提升作用也可能有抑制作用，还会减少投资并提高市场价格；但在长期内，环境税的各种效应充满更大的不确定性。Bergman（2005）对自 20 世纪 90 年代以来有关 CGE 模型实证分析“双重红利”假说的文献进行了总结并指出，“强式双重红利”既不是理所当然地成立，也不是自然而然地被排除。

（二）关于“双重红利”假说的 CGE 实证研究最新进展

1. 关于欧洲的实证研究

由于环境税改革理论研究和制度实践最早发源于欧美国家，有关环境税“双重红利”的实证分析以欧洲居多。特别是应用 CGE 模型分析“双重红利”假说的文献占比很大，反映出欧洲国家对通过实施环境税改革减少碳排放及其他污染问题并同时解决增长、就业等问题的极大兴趣。Saveyn，Van Regemorter 和 Ciscar（2011）运用 CGE 模型对欧盟进行分析发现，如果对能源密集型经济部门实行拍卖（交易许可）制度，而对其他经济部门实施环境税制度，为政府筹集财政收入并利用环境税为降低雇员缴纳社会保险税减税筹资，那么，环境税改革可以实现“双重红利”效应。他们的研究还发现，个人消费增长是“双重红利”效应扩大的主要动力。Ciaschini 等（2012）运用一个双区域 CGE 模型对意大利南部群岛和北部中心城市两大区域的环境税效应进行模拟，他们假设了两种环境税收入使用模式——用于所得税返还和区域行为税减税，结果发现在北部中心城市区域存在就业双重红利效应。Orlov 和 Grethe（2012）引入产品市场的古诺寡头结构，在 CGE 模型中实证分析了俄罗斯环境税改革的效应，并证实了“双重红利”效应的存在（刘建徽、刘晔和张芳芳，2018）。Orlov，Grethe 和 McDonald（2013）在一个类似的研究中发现，碳税改革同时实现二氧化碳减排和“双重红利”效应的最大概率大约为 28%。Pereira，Pereira 和 Rodrigues（2016）在一个动态 CGE 模型中分析了碳税改革对葡萄牙经济的影响，他们假设碳税收入 50% 用于投资税收减免、25% 用于降低雇主缴纳的社会保险税、25% 用于降低个人所得税，结果发现这种改革方式在 2050 年以前可以获得显著的“强式双重红利”效应，并且还能实现政府公债占 GDP 比例下降的“第三重红利”。此外，Allan 等（2014）还模拟了苏格兰特别碳税的效应，比较了碳税收入“不在苏格兰范围内返还”“用于增加政府公共支出”和“用于降低苏格兰所得税负担”三种政策情境，结果发现只有当碳税收入用于所得税减税时才能获得“双重红利”效应，即“强式双重红利”假说成立。

2. 关于亚洲的实证研究

关于亚洲国家环境税改革“双重红利”效应的实证研究，在早期并不多见，但进入 21 世纪后，随着亚洲国家对生态环境问题的关注度提高，将税收负担从劳动力和资本要素转移到自然资源的使用和污染的排放上已成为环境税改革的基本思路（李虹和李振兴，2017），环境税相关的理论研究迅速增多。这一点，在

中国表现得尤为明显，特别是在党的十八大之后，随着生态文明建设的加快推进，相关的理论文献呈现爆发式增长（梁伟、朱孔来和姜巍，2014；李鹏和魏巍贤，2016；李虹和李振兴，2017；聂凯雁和施凯，2017；等等）。Takeda（2007）对日本环境税改革的研究指出，如果“财政中性”的环境税改革将环境税收入用于工薪所得税或者消费税的结构性减税，不会出现“强式双重红利”效应；但如果是基于资本所得税的结构性减税，就可能出现“强式双重红利”。Lu 等（2010）运用一个动态回归 CGE 模型分析了碳税对中国经济的影响，结果发现，在开征碳税的同时对间接税实施减税，可以减轻碳税对经济产出和市场竞争的负面影响。这种减税不是通过降低税率实现，而是将碳税收入向企业做一次性转移支付补贴。研究表明，不存在“双重红利”效应，但碳税的实施将大幅减少碳排放，并且对经济的影响比较小。Bor 和 Huang（2010）运用 ORANI 回归动态 CGE 模型评估中国台湾能源税的影响，结果发现能源税用于个人所得税或公司所得税减税时，会产生“双重红利”效应，但用于个人所得税减税时，这种效应更加明显。Li 和 Lin（2013）用 CGE 模型模拟中国碳税和能源税用于增值税减税的经济影响。结果发现，即便进行收入返还，碳税和能源税的收入也不足以弥补其造成的福利损失，从而“双重红利”假说不成立。但是他们的研究也有比较明显的缺陷：一是采用静态 CGE 模型，而非动态模型；二是仅对农业、工业和服务业三个行业进行模拟，而未将其他行业纳入分析；三是假设经济中只存在一个典型消费者，并且这个消费者拥有所有源于生产要素产出和税收的收入；四是经济中没有明显的公共管理部门。在这一方面，Cao，Ho 和 Jorgenson（2013）沿着 Garbaccio 等（1999）的思路，采用了一个更为精致的动态 CGE 模型对中国碳税效应进行实证模拟，不仅考虑了中国经济中的市场经济成分，还考虑了中国经济中的计划因素。他们假设碳税收入通过一次性转移支付向家庭返还，对所有扭曲性税种减税，结果发现不存在“双重红利”效应，但在这种收入返还模式下碳税的经济影响十分有限。Zhang 等（2016）在一个静态 CGE 分析框架下，模拟了中国河南、福建、重庆等三个省市碳税改革的效应，结果发现将碳税收入用于间接税减税，不会产生“双重红利”效应。李鹏和魏巍贤（2016）基于 CGE 动态模型模拟了开征环境税对中国河北省的经济影响，他们利用河北省 2010 年投入产出表编制了相应的社会核算矩阵，根据现有最新政策文件设置基准情景，重点模拟了征收单一碳税和碳税、硫税组合对经济发展以及污染气体排放的影响。结果表明，开征环境税的环境红利显著，而非环境红利出现较大分化，“双重红利”效应在某些层面是存在的，特别是对于经济增长有所抑制；同时，征收碳税的同时有必要辅之以硫税，碳税、硫税的实施可以大幅降低污染气体的排放，抑制能源消费，有利于能源产业结构转变，总体上对经济增长的长期负面影响不大。李虹和熊振兴（2017）运用 CGE 模型从区域层面分析了征收环境税和降低个人及企业所得税的政策效应。他们假设环境税收入用于所得税结构性减税，模拟结果表明环境税在短期和长期内的效应有所差别。在短期内，各地区生态占用减少，东部地区和中部地区投资需求及就业人数增加，税收方案能够引导经济增长从生态占用转向资本和劳动力要素；总产出和中间投入普遍下降，但中间投入减少相对更大，因此各地区保持经济增长，其中西部地区增长率偏低。从长期看，东部地区和中部地区名义 GDP 增长率出现短期较大幅度的下滑，随后增长率逐年增长，其中东部地区增速的下降主要是因为第二产业总产出增速放缓，中部地区总产出及中间投入的波动与 GDP 增长的波动在时间上对应，西部地区增长率及总产出和中间投入稳定增长，各地区增长得益于第二产业投入产出效率的提高。这样的结论实际上说明，中国环境税改革的第二重红利具有多元性，短期内“就业双重红利”存在，长期内“增长双重红利”在经济欠发达的西部地区比较明显。

3. 关于美洲的实证研究

近年来关于美洲环境税改革 CGE 实证分析的文献，主要是对美国的研究，并且文献数量呈现出较早期阶段下降的趋势。Glomm，Kawaguchi 和 Sepulveda（2008）运用动态 CGE 模型对美国环境税改革的“双重红利”效应进行检验，假设汽油税税率提高获得的收入用于减轻资本所得税税负（刘晔、周志波，2010）。他们在 CGE 模型中引入了非市场评估技术，以便在统一的框架下评估绿色税收改革对环境和市场的影响。如果对资本征税的税率降低可以鼓励资本积累，正如 Jorgenson 和 Wilcoxen（1993）指出的那样，改革以后均衡状态下的资本水平和对清洁产品的消费水平比改革以前更高，因而在新的均衡状态环境质量可能恶化。他们认为，环境红利或者说从清洁环境中贴现的效用，比效率红利或者说从市场产品的消费中贴现的效用小得多，出现这一结果的原因可能在于家庭对于清洁空气的支付意愿比较低。因此，他们的研究并不支持“双重红利”假说。Carbone 等（2013）利用动态 CGE 世代交替模型研究了环境税改革的效应，研究表明，环境税收入用于资本要素税收减税可以获得双重红利效应，环境税收入用于工薪税或个人所得税返还的改革效率不够经济，而通过一次性总付税返还方式使用环境税收入的结果比其他使用方式的效率都更低，会导致社会福利损失，进而从理论上论证了弱式双重红利的存在。Jorgenson 等（2013）对 Jorgenson 和 Wilcoxen（1993）的研究做了进一步深入，他们采用了通过计量估计的参数和外生变量，对一次性转移支付、资本要素税收减税、劳动力要素税收减税及所有税种减税等四种不同的碳税返还模式下的碳税改革效应进行了比较分析。研究表明，碳税收入用于资本要素税收减税是最佳的返还方式，并且可以产生“双重红利”效应；同时，一次性转移支付返还碳税，也并非最差的选择。Chisari 和 Miller（2015）的研究是截至目前唯一采用 CGE 模型分析南美洲环境税改革“双重红利”效应的文献。他们运用一个小型回归动态 CGE 模型，分别研究阿根廷、巴西、智利、萨尔瓦多、牙买加和秘鲁等国家碳税改革的效应。研究假设从碳税中获得的额外税收收入用于劳动力要素税收减税，结果发现，除了巴西通过税收返还极大地降低了成本以外，其他国家的碳税改革都存在“双重红利”效应；同时，碳税改革会导致福利分配的变化。

4. 关于非洲和大洋洲的实证研究

近年来，有关非洲国家环境税“双重红利”假说的 CGE 实证研究，到目前为止只发现两项。显然，对非洲国家的相关研究是不足的，需要更多的文献就发展中国家经济结构对环境如何反应做出分析。Van Heerden 等（2006）将 CGE 模型应用于南非环境税分析，检验是否存在“双重红利”效应。他们分别在环境税用于直接税减税、间接税减税、食品税减税等三种收入返还模式下，分析了二氧化碳税、燃油税、电力税、能源税（一种燃油税和电力税的混合税制）与水资源税对南非经济的影响。仿真结果表明，对于所有的税种和收入返还模式选择，都出现了二氧化碳排放和水资源使用下降的结果；环境税用于直接税减税和间接税减税两种模式下，二氧化碳税、燃油税和电力税不会产生第二重红利，只有在环境税用于食品税收减税模式下，上述三种环境税才会获得第二重红利，即“双重红利”假说成立；水资源税在任何一种收入返还模式下，都获得了“双重红利”效应。Devarajan 等（2011）也建立了一个 CGE 模型评估二氧化碳税对南非经济的影响，并检验是否存在“双重红利”效应，他们假设二氧化碳税收入用于所有间接税（产品税、销售税、进口关税等）的减税。正如他们指出的那样，在发展中国家要素税收在筹集财政收入方面通常没有间接税重要，而事实上南非也没有开征要素税收。他们的研究发现，在实施碳税或者能源要素投入销售税的同时，部分地对劳动力市场的扭曲问题进行改革，可以获得“强式双重红利”效应。

实际上，有关大洋洲国家环境税改革“双重红利”效应的 CGE 实证分析也不多。这一方面源于大洋洲的国家数量少，另一方面也源于澳大利亚、新西兰的“绿色税收改革”在政治上反复经历折腾。例如，澳大利亚开征碳税和矿产资源租赁税后，迫于国内垄断企业等利益集团的压力又将其废除①。通过梳理文献，我们仅发现两项基于 CGE 模型的实证研究与大洋洲国家相关。Fraser 和 Waschik（2013）利用 CGE 模型对澳大利亚环境税改革的“双重红利”效应进行分析。他们比较研究了对能源产品的生产征税、对碳排放征税、对碳投入征税三种不同环境税模式的效应，结果发现，当环境税收入用于消费税减税时，存在“强式双重

① 澳大利亚于 2012 年 3 月通过了《矿产资源租赁税 2011》法律草案，并于 7 月 1 日正式实施，对利润超过 0.75 亿澳元的煤和铁矿石企业征收矿产资源租赁税，税率为应税利润的 30%。澳时任总理阿博特在当年参加竞选时明确提出，为了重振经济，必须取消矿产资源税和碳税。2014 年 7 月 17 日，澳大利亚议会废除始自 2012 年的碳税法案，此后矿产资源税法案也被废除。

红利”效应。这个模型采用了一种很精巧的方法，将特定部门专有生产要素纳入分析，结果表明，当专有生产要素的比例更高，环境税对碳排放而非碳投入征收时，“双重红利”效应更强。Sajeewani，Siriwardana 和 McNeill（2015）在一个 CGE 模型中分析了澳大利亚环境税改革的潜在效应，研究表明，如果环境税收入用于所得税减税，环境税改革不仅有助于改善环境质量，还能提高税后收入，提升社会福利水平，并获得“收入分配双重红利”效应。他们认为，虽然在这种政策情境下 GDP 出现了下降，但仍然存在“双重红利效应”，是因为家庭有更大的能力改变他们关于消费模式的决策，因为环境税改革前他们的消费模式受到碳价格政策的影响。

四、关于“双重红利”假说 CGE 实证研究的 Meta 回归分析

在对“双重红利”假说相关的 CGE 实证研究进行总结梳理之后，我们对这些研究、模拟及其结果进行一个统计分析，以便更好地把握“双重红利”相关文献的脉络。我们发现，这些研究存在很强的异质性，在采用的研究假设、模型框架、研究的国家或地区、环境税的类型、环境税收入返还政策等方面，都存在很大的差别。这种异质性意味着实证方面的研究不足，进而很难对相关研究进行较为系统的比较分析并得出一般性的结论。然而，我们将对相关研究进行统计描述和回归分析，为分析“双重红利”研究的最新进展提供一个全球视野，这有助于发现现有研究存在的差距和改进的方向。

（一）“双重红利”CGE 实证研究的统计分析

我们将重点分析 1993 年以来的 40 篇运用 CGE 模型实证“双重红利”假说

的文献，这些文献中包含 69 个实证模拟。关于文献的选择标准，做以下说明：第一，文献时间起止上，我们以率先将 CGE 方法正式引入环境税“双重红利”假说研究的 Jorgenson 和 Wilcoxen（1993）为起点，而以我们 2017 年 6 ~ 8 月写作该书前的完整年度 2016 年为文献分析终点。当然，本书在后期完善过程中，引用了李虹和熊振兴（2017）等在 2017 年《经济研究》等国内权威杂志发表的论文，但回归分析并未将这些研究统计在内。第二，文献数据库来源上，我们主要以 Spriger、ScienceDirect 两大国外数据库为基础，以“environment tax”“double divided”作为关键词在“标题”中搜索，以“empirical”“CGE”作为关键词在“标题、摘要、关键词”中搜索获取文献。第三，在文献篇目的筛选上，我们对搜索出来的文献进行二次甄别，首先剔除“conference article”和“chapter”，只保留“original article”，然后阅读每一篇文献的标题、摘要、关键词，筛选出与环境税改革“双重红利”直接相关且采用了 CGE 模型的实证文献，在“直接相关”的标准上，凡是文献摘要中明确提到“double divided”的一律纳入，未直接提到“double divided”但明确指出了环境税改革的环境效应和非环境效应的文献，也在仔细甄别后纳入。通过以上搜索和筛选程序，我们共获得与环境税“双重红利”假说高度相关的 CGE 实证分析文献 40 篇。当然，这种筛选文献的方法也有两大弊端：第一，虽然国外学术数据库也有关于中国的研究，但没有考虑国内权威研究者在国内刊物发表的重要研究成果，如李虹和熊振兴（2017）等的研究就没有进入分析样本。第二，全国采用国外数据库的研究进行分析，得出的结论可能对于中国环境税改革的政策启示并不全面。

经过统计发现，这些实证模拟中，38 个模拟支持“双重红利”假说，占比略高于 55%；31 个模拟发现不存在“双重红利”效应，占比约为 45%。相关情况如表 3 – 1 所示。从关于环境税收入返还机制的假设看，假设环境税收入用于社会保险税（或者劳动力要素税收）减税的研究支持“双重红利”的占比更高，十个模拟中有九个都发现存在“双重红利”效应。假设环境税收入用于劳动所得税、资本所得税及其他税种减税的研究，大多数都获得了“双重红利”效应。图 3 – 1 为各种收入返还机制下环境税改革获得“双重红利”效应的基本情况。

表 3-1 运用 CGE 模型实证“双重红利”假说的研究概览（1993~2016 年）

序号	研究人员	国家（地区）	环境税类型	是否存在强式双重红利					动态/静态模型方法	其他特征/观点
				劳动税收		资本税收	一次总付税	其他税种		
				所得税	社会保险税					
1	Jorgenson and Wilcoxen（1993）	美国	碳税	否	—	是	—	—	动态	资本具有国际流动性；计量估计参数值
2	Goulder（1995b）	美国	碳税	否	否	否	—	—	动态	资本在行业间不具有流动性
3	Capros et al.（1996）	欧盟 12 国	能源税	—	是	—	—	—	动态	—
4	Carraro et al.（1996）	欧盟 12 国	能源税	—	是	—	—	—	动态	计量 CGE 模型；仅在短期内存在就业双重红利
5	Shackleton et al.（1996）	美国	碳税	—	—	是	—	—	动态	利用 Jorgenson - Wilcoxen 分析框架
6	Bovenberg and Goulder（1997）	美国	汽油税	否	—	—	—	—	动态	资本在经济部门间不具有流动性
7	McKitrick（1997）	加拿大	碳税	是	—	—	否	—	静态	在 2000 年基数上实现二氧化碳减排 12.5%
8	Garbaccio et al.（1999）	中国	碳税	—	—	—	—	是	动态	比较了计划和市场经济的情况；环境税收入用于其他所有扭曲性税种同比例减税
9	Bye（2000）	挪威	碳税	是	—	—	—	—	动态	环境税收入用于工薪税减税
10	Kernfert and Welsch（2000）	德国	碳税	—	是	—	否	—	动态	资本、劳动力和能源之间的替代弹性通过计量分析进行估计
11	Wendner（2001）	澳大利亚	碳税	—	是	—	否	—	动态	环境税收入部分用于为社会退休金筹资，部分用于补贴劳动力成本
12	Bach et al.（2002）	德国	燃油税、汽油税、柴油税、电力税、天然气税	—	是	—	—	—	动态	关注分配效应

续表

序号	研究人员	国家（地区）	环境税类型	是否存在强式双重红利					动态/静态模型方法	其他特征/观点
				劳动税收		资本税收	一次总付税	其他税种		
				所得税	社会保险税					
13	Böhringer et al. （2003）	德国、印度	碳税	—	是	—	—	—	静态	同时在德国、印度实施环境税；关注就业红利问题
14	Boyd and Ibarrarán（2002）	墨西哥	碳税	否	—	否	—	—	动态	资本和劳动力相关税收税率同比例下调
15	Labandeira et al. （2004）	西班牙	碳税	—	—	是	—	—	静态	利用一个包含家庭能源微观需求的 CGE 模型
16	André et al. （2005）	西班牙	碳税、硫税	否	是	—	—	—	静态	—
17	Conrad and Löschel（2005）	德国	碳税	是/否	—	—	—	—	静态	雇主决定劳动力成本时存在“双重红利”，但市场决定劳动力价格时不存在“双重红利”；碳税实现了国内碳排放较1990年减少21%的目标
18	Manresa and Sancho（2005）	西班牙	能源产品税	—	是	—	—	是	静态	税率为10%的能源税提高了效用和就业水平；并实现了二氧化碳减排2.8%
19	Van Heerden et al. （2006）	南非	碳税、燃油税、电力税、能源税/水资源税	否/是	—	否/是	—	是/是	静态	基于 ORANI－G 模型结构；获得了“减贫红利”效应；税收返还用于食品税收减税，碳税、燃油税、电力税、能源税获得“双重红利”；税收返还用于直接税、间接税和食品税减税，水资源税获得“双重红利”
20	Takeda（2007）	日本	碳税	否	—	是	—	否	动态	环境税收入用于资本、劳动和消费税收返还；大部分弹性系数值由 GTAP 模型给出

续表

序号	研究人员	国家（地区）	环境税类型	是否存在强式双重红利					动态/静态模型方法	其他特征/观点
				劳动税收		资本税收	一次总付税	其他税种		
				所得税	社会保险税					
21	Glomm et al.（2008）	美国	汽油税	—	—	否	—	—	动态	模型引入非市场评估
22	Labandeira et al.（2009）	西班牙	电力税、成品油税、天然气税、煤炭税	—	—	—	—	是	静态	环境税收入用于增值税减税
23	Bor and Huang（2010）	中国台湾	能源税	是	—	—	—	—	动态	采用 ORANI－G 回归 CGE 模型
24	Lu et al.（2010）	中国	碳税	—	—	—	是	—	动态	采用回归动态模型；环境税返还通过一次性转移支付对企业进行补贴
25	Devarajan et al.（2011）	南非	碳税	—	—	—	—	是	静态	环境税收入用于间接税减税
26	Saveyn et al.（2011）	欧盟	温室气体税	—	是	—	—	—	动态	采用世界 GEM－E3 CGE 模型；动态回归模型
27	Ciaschini et al.（2012）	意大利	碳税	是/否	—	—	—	—	静态	分析北部中心和南部岛屿两大地区；劳动力市场均衡允许存在失业问题；第二重红利界定为失业率的下降
28	Orlov and Grethe（2012）	俄罗斯	碳税	是/否	—	—	—	—	静态	完全竞争条件下存在“双重红利”；不完全竞争（古诺寡头）条件下“双重红利”不存在；采用 GTAP 数据库；分析环境税的公平效应
29	Cao et al.（2013）	中国	碳税	—	—	—	否	否	动态	比较了计划和市场经济两种情形；分析了一次性转移支付和扭曲性税种同比例减税两种环境税返还方式
30	Carbone et al.（2013）	美国	碳税	—	—	是	否	—	动态	采用世代交替模型；关注分配效应

续表

序号	研究人员	国家（地区）	环境税类型	是否存在强式双重红利					动态/静态模型方法	其他特征/观点
				劳动税收		资本税收	一次总付税	其他税种		
				所得税	社会保险税					
31	Fraser and Waschik	澳大利亚	能源税、碳税	—	—	—	—	是	静态	采用 GTAP 的数据；环境税收入用于消费税减税
32	Jorgenson et al.（2012）	美国	碳税	否	—	是	否	—	动态	计量估计；对 Jorgenson 和 Wilcoxen（1993）研究的完善
33	Li and Lin（2013）	中国	能源税、碳税	—	—	—	—	否	静态	模型中假设三个行业、一个典型消费者
34	Meng et al.（2013）	澳大利亚	碳税	—	—	—	否	—	静态	采用 ORANI－G 模型
35	Allan et al.（2014）	苏格兰	碳税	是	—	—	—	—	动态	采用 AMOSEVI 模型；劳动力市场存在不完全竞争因素
36	Chisari and Miller（2015）	阿根廷、巴西、智利、萨尔瓦多、牙买加、秘鲁	碳税	是	—	—	—	—	动态	巴西不存在“双重红利”，但通过环境税返还可以明显降低改革成本
37	Sajeewani et al.（2015）	澳大利亚	碳税	是	—	—	否	—	动态	采用 ORANI－G 模型；仅有 50% 的环境税收入做了返还；关注环境税分配效应
38	Yahoo and Othman（2015）	马来西亚	碳税	—	—	—	是	—	静态	—
39	Pereira et al.（2016）	葡萄牙	碳税	是	—	—	—	—	动态	环境税收入 50% 用于投资税抵免，25% 用于社保税减税，25% 用于个人所得税减税
40	Zhang et al.（2016）	中国河南、福建、重庆	碳税	—	—	—	否	否	静态	环境税收入用于货物间接税减税

资料来源：①所有文献均来自于 Spriger 和 Science Direct 两个数据库；②所有文献的分析方法、研究结论由作者根据相关文献梳理总结而得。

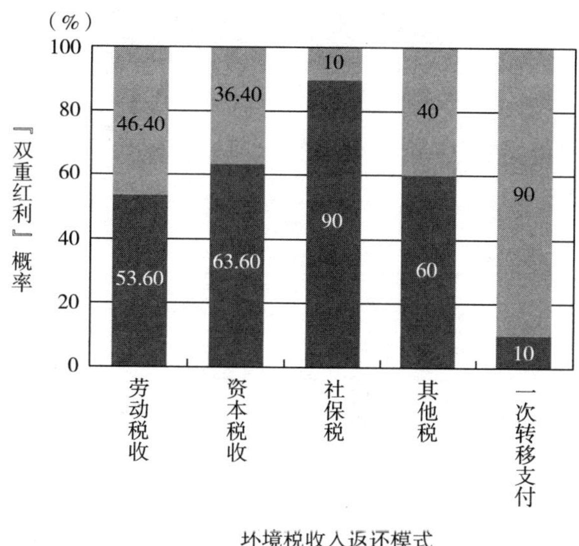

图 3-1　CGE 实证研究支持强式"双重红利"假说情况

注：横轴表示环境税收入返还模式，即用于相关税种结构性减税或者做一次性转移支付。

从图 3-1 可以发现，假设环境税收入用于一次性转移支付的实证模拟，仅有 10%（10 个模拟中有 1 个）获得了"双重红利"效应；假设环境税收入用于劳动力、资本要素税收及其他税收结构性减税的研究，大多数发现存在"双重红利"效应。

从相关研究运用的 CGE 模型的类型看，24 篇（占比 60%）采用动态 CGE 模型，16 篇（占比 40%）采用静态 CGE 模型。从模拟的环境税类型看，29 篇（占比 72.5%）单独研究碳税的效应，8 篇（占比 20%）单独研究能源税的效应，3 篇（占比 7.5%）同时研究碳税和能源税的效应。从研究的国家和地区来看，大部分分析的是欧洲国家（19 篇），关于美洲国家（7 篇）、亚洲国家（8 篇）、大洋洲国家（4 篇）、非洲国家（2 篇）的研究相对要少得多。总体上讲，对于欧洲国家的实证模拟大多数验证了"双重红利"假说，对非洲、南美洲和大洋洲国家的研究也基本发现存在"双重红利"效应，但对于亚洲和北美国家的仿真却基本不支持“双重红利”，相关情况见图3－2。表3－2对我们分析的40篇实证文献的69个数据仿真进行了总结分析。鉴于不是所有文献都提供了相同的变量仿真，必须谨慎对待这些结果，因为在一些研究中样本量很小，不足以据此得出普遍性的结论。

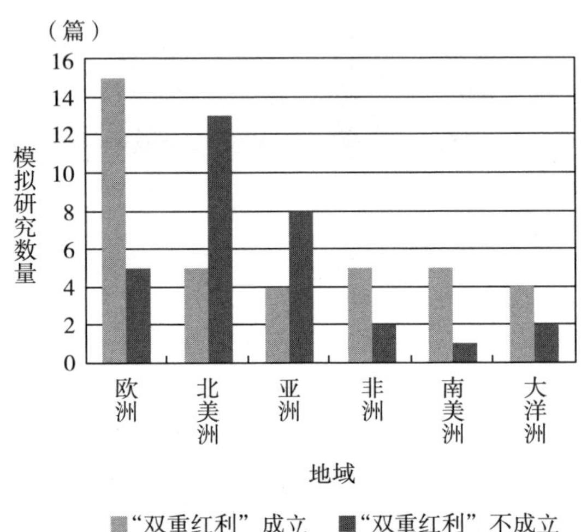

图3－2　分地域看“双重红利”模拟结果

表3－2　40篇文献中69个数据仿真结果分析

变量	百分比变化平均值	包含这一结果的实证模拟数量
碳税（美元/吨）	20.38（19.94）	37
二氧化碳排放	－11.76（0.13）	46
GDP/GNP	0.11（0.01）	43
福利	0.00（0.01）	14
就业	0.56（0.01）	15
消费	0.01（0.01）	11
投资	－0.50（0.02）	9
进口	－0.69（0.19）	11
出口	3.70（0.01）	19
消费者价格指数CPI	0.66（0.01）	5

注：①第二栏数据后括号内的数字表示标准差；②环境税的税率，统一按照2016年9月的美元汇率进行换算。

我们可以发现，从平均意义上讲，环境税实证仿真导致二氧化碳排放平均减少 11.76%、GDP 或者 GNP 平均增长 0.11%，而社会福利水平基本不受环境税的影响。有趣的是，就业、消费、出口和消费者价格指数，在环境税实施的情况下，有上升的趋势，而进口和投资水平有下降的趋势。

（二）Meta 回归分析

为了分析 40 篇文献 69 个模拟仿真中环境税对不同变量影响的情况，我们采用 Meta 回归分析方法，这一方法最早由 Stanley 和 Jarrell（1989）提出并应用。关于为什么采用 Meta 回归分析而不用通常的 OLS 回归分析，我们做如下说明：第一，Meta 回归分析是回归分析方法的一种，探索异质性来源的一个重要方法，其研究对象不是一般的变量指标，而是每一项研究，对于分析同一领域不同研究的异质性具有天然的比较优势，而这也正是我们对相关文献进行回归分析的目的所在。第二，Meta 回归分析需要的研究样本量一般不能太大，纳入分析的自变量也不能过多，否则，反而会给回归分析带来不稳定性，而我们分析的 40 篇文献提供的样本量很小，需要分析的自变量也较少，高度契合 Meta 回归分析对样本的要求。

Meta 回归分析模型为：

$$b_j = \beta + \sum_{k=1}^{K} \alpha_k Z_{jk} + e_j \tag{3-6}$$

其中，b_j 表示第 j 项研究中环境税效应的大小，β 表示独立项，Z 表示一系列独立变量的集合，测度影响估计结果的实证研究相关特征，α_k 表示 Meta 回归参数，e_j 表示误差项。运用 Meta 回归分析的目的在于明确影响研究结果的因素和变量。

分析从模拟仿真中获得的定量数据，我们发现获得一般性的结论非常困难，因为研究不足以及在 CGE 模型说明、数据使用、隐含假设、经济结构、地理区域等方面明显的异质性问题。换言之，所有的研究都有太多的不同，但我们掌握的研究又很少，这说明我们在运用 CGE 模型分析环境税改革“双重红利”效应方面的文献远远不够。

鉴于缺乏足够的研究以及存在的异质性问题，不太可能控制影响“双重红利”效应的所有变量因素，进而做一个比较完美的回归分析。方程（3－6）是包含研究和模拟的若干特征的一般性描述。利用收集的模拟仿真数据，进行最小二乘法（OLS）回归估计，但并未发现很显著的结果。出现这样的结果也很正常，这主要源于研究样本的上述特征。我们分析了七个因变量：一个表明研究支持“双重红利”的虚拟变量、福利差异的不同度量、GDP 变化、消费者价格指数变动、投资变动、进口变动和出口变动。相应地涉及三个自变量：二氧化碳排放差异、一个表明环境税收入通过所得税返还的虚拟变量、一个表明环境税收入通过一次性转移支付返还的虚拟变量。表 3－3 总结了九个模型估计的情况，一些系数估计并不显著，这可能是由于在所有的 Meta 回归分析中，样本量一般都不超过 20 个；其他方程也进行了检验，但由于缺乏足够的数据，样本量过小，无法进行回归估计。

表 3－3　关于“双重红利”假说的 Meta 回归分析

自变量（变化%）	因变量（变化%）								
	双重红利（1）	社会福利（2）	GDP（3）	GDP（4）	GDP（5）	消费者价格指数（6）	投资（7）	进口（8）	出口（9）
β	0.54 （5.54）	－0.13 （0.11）	0.12 （0.26）	－0.18 （0.49）	－0.77 （0.54）	－0.07 （0.46）	－0.25 （0.69）	－0.55 （0.44）	－1.58 （4.91）
污染排放	－0.004 （－0.66）	0.008 （0.01）	0.003 （0.01）	0.016 （0.02）	0.013 （0.03）	－0.103 （0.05）	0.03 （0.030）	0.014 （0.02）	－0.52 （0.27）
所得税返还*	—	—	—	1.23 （0.58）	—	—	—	—	—
一次转移支付返还**	—	—	—	—	1.24 （1.14）	—	—	—	—
观测结果数量	46	10	41	19	10	5	8	11	19
R^2	0.009	0.09	0.001	0.22	0.16	0.57	0.14	0.03	0.17

注：①括号内的数字为标准误；②所得税返还，是一个虚拟变量，如果研究者的模拟支持“双重红利”假说，取值为 1；否则，取值为 0；③一次转移支付返还，是一个虚拟变量，如果研究者的模拟支持“双重红利”假说，取值为 1；否则，取值为 0。

尽管估计不够强有力地得出一般性结论，我们仍然发现以下结论：第一，除了模型（1），二氧化碳排放的减少通常会带来福利或 GDP 水平的降低，但这种降低幅度很小，接近于零。这可能表明，研究者在做实证模拟时，采用其他标准而非仅仅考虑 GDP 或福利的变化，更容易获得“双重红利”效应。第二，模型（4）和模型（5）的结果表明，环境税收入返还方式对 GDP 的影响具有一定显著性，但以 GDP 来衡量，环境税收入返还在一次性转移支付返还和用于所得税结构性减税两种选择之间并没有明显的差异。第三，模型（6）、模型（7）、模型（8）、模型（9）中，投资和进口的系数为正，消费者价格指数和出口的系数为负，并且四个系数都显著；这表明，当在 CGE 模型中测试减排效应时，如果减少污染排放，投资和进口存在下降的趋势，消费者价格指数和出口倾向于上升，后一种效应更加明显。

图 3 – 3 展示了涉及 GDP 和二氧化碳减排变量的实证模拟中 GDP 变动与二氧化碳减排变动之间的关系。从图中散点图分布情况看，可以发现两者之间并没有比较显著清晰的关系。

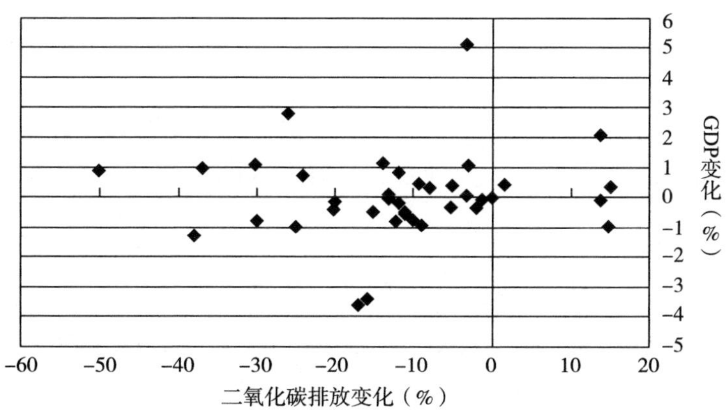

图 3 – 3　二氧化碳排放与 GDP 变化关系散点图

Gago，Labandeira 和 López – Otero（2013）研究了不同收入返还方式下环境税改革的效应，从总体上看，环境税改革对 GDP、就业和消费者价格指数的影响都是正向的。换言之，环境税改革存在增长双重红利、就业双重红利效应。Patuelli，Nijkamp 和 Pels（2005）采用了类似的分析框架，但运用了一些不同的方法，结果发现 CGE 模型相对于其他分析模型和方法而言，更加倾向于获得积极的效应，即运用 CGE 方法实证研究环境税改革效应的文献，获得“双重红利”结果的概率更高。

本章参考文献：

[1] Barker T. Achieving a 10% cut in Europe's carbon dioxide emissions using additional excise duties: Coordinated, uncoordinated and unilateral action using the econometric model E3ME [J]. Economic Systems Research, 1999, 11 (4): 401-422.

[2] Baumol W., Oates W. The theory of environmental policy [M]. Cambridge: University Press Cambridge, 1988.

[3] Baumol W., Oates W. The use of standards and prices for the protection of the environment [J]. Swedish Journal of Economics, 1971, 73 (2): 42-54.

[4] Baumol W. On taxation and the control of externalities [J]. American Economic Review, 1972, 62 (3): 307-321.

[5] Bento A. M., Jacobsen M. Ricardian rents, environmental policy and the "double-dividend" hypothesis [J]. Journal of Environmental Economics and Management, 2007, 53 (1): 17-31.

[6] Bergman L. CGE modeling of environmental policy and resource management [J]. Handbook of Environmental Economics, 2005 (3): 1273-1306.

[7] Bernard A. L., Vielle M. Report to the MIES on the greenhouse effect: An evaluation of the Kyoto Protocol with the GEMINI-E3 model [R]. Paris: Ministere de L'Equipment des Transports et du Logement, Commissariat a L'Energie Atomique, 1999.

[8] Bohm P. Environmental taxation and the double dividend: Fact or fallacy

[M]. In T. O' Riordan (Ed.), Ecotaxation. London: Earthscan, 1997.

[9] Bor Y. J., Huang Y. Energy taxation and the double dividend effect in Taiwan's energy conservation policy—An empirical study using a computable general equilibrium model [J]. Energy Policy, 2010, 38 (5): 2086 - 2100.

[10] Bosquet B. Environmental tax reform: Does it work? A survey of the empirical evidence [J]. Ecological Economics, 2000, 34 (1): 19 - 32.

[11] Bovenberg A. L., De Mooij R. A. Environmental levies and distortionary taxation and labor market distortions [J]. European Journal of Political Economy, 1994, 10 (4): 655 - 683.

[12] Bovenberg A. L., De Mooij R. A. Environmental policy in a small open economy with distortionary taxes [J]. International environmental economics, 1994.

[13] Bovenberg A. L., Goulder L. H. Environmental taxation and regulation [C]//A. Auerbach, M. Feldstein. Handbook of public economics. Amsterdam, North Holland: Elsevier, 2002: 1471 - 1545.

[14] Bovenberg A. L., Goulder, L. H. Costs of environmentally motivated taxes in the presence of other taxes: General equilibrium analysis [J]. National Tax Journal, 1997, 50: 59 - 88.

[15] Bovenberg A. L., van der Ploeg F. Consequences of environmental tax reform for involuntary unemployment and welfare [Z]. Tilburg: Tilburg University Center, 1994.

[16] Bovenberg A. L., van der Ploeg F. Tax reform, structural unemployment and the environment. Scandinavian [J]. Journal of Economics, 1998, 100 (3): 593 - 610.

[17] Bovenberg A. L. Environmental policy, distortionary labor taxation and employment: Pollution taxes and the double dividend. New directions in the environment [M]. Cambridge: Cambridge University Press, 1994.

[18] Boyd R., Ibarrarán M. E. Costs of compliance with the Kyoto Protocol: A

developing country perspective [J]. Energy Economics, 2002, 24 (1): 21 –39.

[19] Bye B. Environmental tax reform and producer foresight: An intertemporal computable general equilibrium analysis [J]. Journal of Policy Modeling, 2000, 22 (6): 719 –752.

[20] Böhringer C. , Conrad K. , Löschel A. Carbon taxes and joint implementation. An applied general equilibrium analysis for Germany and India [J]. Environmental and Resource Economics, 2003, 24 (1): 49 –76.

[21] Böhringer C. , Pahlke A. Environmental tax reforms and the prospects for a double dividend: An intertemporal general equilibrium analysis for Germany [M]. Colorado: University of Colorado, 1997.

[22] Cao J. , Ho S. , Jorgenson D. W. The economics of environmental policies in China [M]. Cambridge MA: MIT Press, 2013.

[23] Capros P. , Georgakopoulos P. , Zografakis S. , Proost S. , Van Regemorter D. , Conrad C. , Schmidt T. , Smeers Y. , Michiels E. Double dividend analysis: First results of a general equilibrium model (GEM – E3) linking the EU –12 countries [C]. Netherlands: Springer, 1996: 193 –227.

[24] Carbone J. , Morgenstern R. D. , Williams R. C. Ⅲ, Burtraw D. Deficit reduction and carbon taxes: Budgetary, economic and distributional impacts [Z]. Resources for the Future, 2013.

[25] Carraro C. , Galeotti M. , Gallo M. Environmental taxation and unemployment: some evidence on the "double dividend hypothesis" in Europe [J]. Journal of Public Economics, 1996, 62 (1): 141 –181.

[26] Carraro C. , Soubeyran A. Environmental taxation and employment in a multi – sector general equilibrium model [A] //C. Carraro, D. Siniscalco. Environmental fiscal reform and unemployment [M] . Dordrecht: Kluwer, 1996.

[27] Chisari O. O. , Miller S. J. CGE modeling: The relevance of alternative structural specifications for the evaluation of carbon taxes' impact and for the integrated

assessment of climate change effects: Simulations for economies of Latin America and the Caribbean [Z]. Inter - American Development Bank, 2015.

[28] Ciaschini M., Pretaroli R., Severini F., Socci C. Regional double dividend from environmental tax reform: An application for the Italian economy [J]. Research in Economics, 2012, 66 (3): 273 -283.

[29] Conrad K., Löschel A. Recycling of eco - taxes, labor market effects and the true cost of labor—A CGE analysis [J]. Journal of Applied Economics, 2005, 8 (2): 259 -278.

[30] De Mooij R. Environmental taxation and the double dividend [M]. North Holland, Amsterdam: The Netherlands: Contributions to Economic Analysis, 2000.

[31] Devarajan S., Go D. S., Robinson S., Thierfelder K. Tax policy to reduce carbon emissions in a distorted economy: Illustrations from a South Africa CGE model [J]. The BE Journal of Economic Analysis & Policy, 2011, 11 (1): 67 -82.

[32] Dixon P. B., Jorgenson D. W. Handbook of computable general equilibrium modeling [M]. Newnes, 2012.

[33] Fernández E., Pérez R., Ruiz J. Optimal green tax reforms yielding double dividend [J]. Energy Policy, 2011, 39 (7): 4253 -4263.

[34] Fraser I., Waschik R. The double dividend hypothesis in a CGE model: Specific factors and the carbon base [J]. Energy Economics, 2013 (39): 283 -295.

[35] Fullerton D., Leicester A., Smith S. Environmental taxes [Z]. National Bureau of Economic Research (No. w14197), 2008.

[36] Fullerton D., Metcalf G. E. Environmental controls, scarcity rents and pre - existing distortions [J]. Journal of public economics, 2001, 80 (2): 249 -267.

[37] Fullerton D., Metcalf G. E. Environmental taxes and the double - dividend hypothesis: Did you really expect something for nothing? [Z]. National bureau of economic research (No. w6199), 1997.

[38] Fullerton D. Environmental levies and distortionary taxation: Comment [J].

The American Economic Review, 1997, 87 (1): 245 –251.

[39] Gago A., Labandeira X., López – Otero X. A panorama on energy taxes and green tax reforms [J]. Economics for Energy, 2013, 23 (8): 132 –146.

[40] Garbaccio R. F., Ho M. S., Jorgenson D. W. Controlling carbon emissions in China [J]. Environment and Development Economics, 1999, 4 (4): 493 –518.

[41] Glomm G., Kawaguchi D., Sepulveda F. Green taxes and double dividends in a dynamic economy [J]. Journal of Policy Modeling, 2008, 30 (1): 19 – 32.

[42] Goulder L. H., Parry I. W. H., Burtraw D. Revenue – raising versus other approaches to environmental protection: The critical significance of pre – existing tax distortions [J]. The RAND Journal of Economics, 1997, 28 (4): 708 –731.

[43] Goulder L. H. Climate change policy's interactions with the tax system [J]. Energy Economics, 2013 (40): S3 –S11.

[44] Goulder L. H. Effects of carbon taxes in an economy with prior tax distortions: An intertemporal general equilibrium analysis [J]. Journal of Environmental Economics and Management, 1995, 29 (3): 271 –297.

[45] Goulder L. H. Environmental taxation and the "double dividend": A reader's guide [J]. International Tax and Public Finance, 1995, 2 (2): 157 –183.

[46] Grubb M., Edmonds J., Ten Brink P., Morrison M. The cost of limiting fossil – fuel CO_2 emissions [J]. Annual Review of Energy and Environment, 1993 (18): 397 –478.

[47] Gruver G., Zeager L. Distributional implications of taxing pollution emissions: A stylized CGE analysis [C]. In Paper Presented at the Fifth International CGE Modeling Conference, 1994.

[48] Isard W., Bassett K., Choguill C., Furtado J., Izumita R., Kissin J., et al. On the linkage of socio – economic and ecologic systems [J]. Papers in Regional Science, 1968, 21 (1): 79 –99.

［49］ Johansen L. A multisectoral study of economic growth. Contributions to Economic Analysis 21 ［M］. Amsterdam: North – Holland, Amsterdam, 1960.

［50］ Jorgenson D. W. , Goettle R. J. , Ho M. S. , Wilcoxen P. J. Double dividend: Environmental taxes and fiscal reform ［M］. the United States. Cambridge, MA: MIT Press, 2013.

［51］ Jorgenson D. W. , Wilcoxen P. J. Reducing U. S. carbon emissions: An econometric general equilibrium assessment ［J］. Resource and Energy Economics, 1993 (14): 243 –268.

［52］ Kemfert C. , Welsch H. Energy – capital – labor substitution and the economic effects of CO_2 abatement: Evidence for Germany ［J］. Journal of Policy Modeling, 2000, 22 (6): 641 –660.

［53］ Kneese A. V. , Ayres R. U. , D'Arge R. C. Economics and the Environment ［M］. A Material Balance Approach. Baltimore: Johns Hopkins University Press, 1970.

［54］ Koskela E. , Schöb R. Alleviating unemployment: The case for green tax reforms ［J］. European Economic Review, 1999 (43): 1723 –1746.

［55］ Labandeira X. , Labeaga J. M. , Rodríguez M. An integrated economic and distributional analysis of energy policies ［J］. Energy Policy, 2009, 37 (12): 5776 – 5786.

［56］ Labandeira X. , Labeaga J. M. , Rodríguez M. Green tax reforms in Spain ［J］. European Environment, 2004: 14 (5): 290 –299.

［57］ Layard R. , Nickell S. , Jackman R. Unemployment. In Macroeconomic performance and the labor market ［M］ . Oxford: Oxford University Press, 1991.

［58］ Lee D. R. , Misiolek W. S. Substituting pollution taxation for general taxation: Some implications for efficiency in pollutions taxation ［J］. Journal of Environmental Economics and Management, 1986, 13 (4): 338 –347.

［59］ Leontief W. Domestic production and foreign trade; the American Capital Position Re – Examined ［J］. Proceedings of the American Philosophical Society, 1953,

97 (4): 332 – 349.

[60] Leontief W. The structure of American economy [M]. New York: Oxford University Press, 1941: 1919 – 1939.

[61] Li A., Lin B. Comparing climate policies to reduce carbon emissions in China. Energy Policy, 2013 (60): 667 – 674.

[62] Lu C., Tong Q., Liu, X. The impacts of carbon tax and complementary policies on Chinese economy [J]. Energy Policy, 2010, 38 (11): 7278 – 7285.

[63] Manresa A., Sancho F. Implementing a double dividend: Recycling ecotaxes toward lower labor taxes. Energy Policy, 2005 (33): 1577 – 1585.

[64] McKitrick R. Double dividend environmental taxation and Canadian carbon emissions control [J]. Canadian Public Policy/Analyse de Politiques, 1997, 24 (3): 417 – 438.

[65] Meng S., Siriwardana M., McNeill J. The environmental and economic impact of the carbon tax in Australia [J]. Environmental and Resource Economics, 2013, 54 (3): 313 – 332.

[66] Mooij R. A. The double dividend of an environmental tax reform [A] // J. C. J. M. van der Bergh. Handbook of environmental and resource economics [M]. Edward Elgar, 1999.

[67] Nielsen S. B., Pedersen L. H., Sørensen P. B. Environmental policy pollution, unemployment and endogenous growth [J]. International Tax and Public Finance, 1995 (2): 185 – 205.

[68] Nordhaus W. Optimal greenhouse gas reductions and tax policy in the "DICE" model [J]. American Economic Review, 1993 (83): 313 – 317.

[69] Oates W. E. Green taxes: Can we protect the environment and improve the tax system at the same time? [J]. Southern Economic Journal, 1995, 61 (4): 915 – 922.

[70] Orlov A., Grethe H., McDonald S. Carbon taxation in Russia: Prospects

for a double dividend and improved energy efficiency [J]. Energy Economics, 2013 (37): 128-140.

[71] Orlov A., Grethe H. Carbon taxation and market structure: A CGE analysis for Russia [J]. Energy Policy, 2012 (51): 696-707.

[72] Parry I. W. H. Pollution taxes and revenue recycling [J]. Journal of Environmental Economics and Management, 1995, 29 (3): s64-s77.

[73] Patuelli R., Nijkamp P., Pels E. Environmental tax reform and the double dividend: A meta-analytical performance assessment [J]. Ecological Economics, 2005, 55 (4): 564-583.

[74] Pearce D. The role of carbon taxes in adjusting to global warming [J]. Economic Journal, 1991 (101): 938-948.

[75] Pereira A. M., Pereira R. M., Rodrigues P. G. A new carbon tax in Portugal: A missed opportunity to achieve the triple dividend? [J]. Energy Policy, 2016 (93): 110-118.

[76] Pigou A. C. The economics of welfare [M]. London: Macmillan and Co., Ltd., 1932.

[77] Repetto R., Dower R., Jenkins R., Geoghegan J. Green fees: How a tax shift can work for the environment and the economy [M]. New York: World Resource Institute, 1992.

[78] Sajeewani D., Siriwardana M., McNeill J. Household distributional and revenue recycling effects of the carbon price in Australia [J]. Climate Change Economics, 2015, 6 (3).

[79] Saveyn B., Van Regemorter D., Ciscar J. C. Economic analysis of the climate pledges of the Copenhagen accord for the EU and other major countries [J]. Energy Economics, 2011 (33): S34-S40.

[80] Schneider K. Involuntary unemployment and environmental policy: The double dividend hypothesis [J]. Scandinavian Journal of Economics, 1997 (99): 45-59.

[81] Schöb R. Environmental taxes and pre – existing distortions: The normalization trap [J]. International Tax and Public Finance, 1997, 4 (2): 167 – 176.

[82] Shackleton R., Shelby M., Cristofaro A., Brinner R., Yanchar J., Goulder L. H., et al. The efficiency value of carbon tax revenues [C] //D. Gaskins, J. Weyant. Reducing global carbon dioxide emissions: Costs and policy options. Stanford, CA: Energy Modeling Forum, 1996.

[83] Stanley T., Jarrell S. Meta – regression analysis: A quantitative method of literature surveys [J]. Journal of Economic Surveys, 1989 (3): 54 – 67.

[84] Takeda S. The double dividend from carbon regulations in Japan [J]. Journal of the Japanese and International Economies, 2007 (21): 336 – 364.

[85] Tullock G. Excess benefit [J]. Water Resources Research, 1967 (3): 643 – 644.

[86] Van Heerden J. H., Blignaut J. N., Mabugu M., Gerlagh R., Hess S., Tol R. S., et al. Redistributing environmental tax revenue to reduce poverty in South Africa: The cases of energy and water [J]. South African Journal of Economic and Management Sciences, 2006, 9 (4): 537 – 553.

[87] Wendner R. An applied dynamic general equilibrium model of environmental tax reforms and pension policy [J]. Journal of Policy Modeling, 2001, 23 (1): 25 – 50.

[88] Williams R. C. Environmental tax interactions when pollution affects health or productivity [J]. Journal of Environ mental Economics and Management, 2002, 44 (2): 261 – 270.

[89] Yahoo M., Othman J. Carbon and energy taxation for CO_2 mitigation: A CGE model of the Malaysia [J]. Environment, Development and Sustainability, 2015 (11): 1 – 24.

[90] Zhang X., Guo Z., Zheng Y., Zhu J., Yang J. A CGE analysis of the impacts of a carbon tax on provincial economy in China [J]. Emerging Markets Finance

and Trade，2016，52（6）：1372－1384.

［91］李虹，熊振兴．生态占用、绿色发展与环境税改革［J］．经济研究，2017，52（7）：124－138.

［92］刘建徽，周志波，刘晔．“双重红利”视阈下中国环境税体系构建研究——基于国际比较分析［J］．宏观经济研究，2015（2）：68－77.

［93］刘建徽，周志波．环境税研究的效应发凡及其选择性引申［J］．改革，2012（3）：111－116.

［94］刘建徽，周志波．完全竞争市场中环境税效应研究文献述评［J］．税务研究，2013（5）：95－97.

［95］刘晔，周志波．不完全竞争市场结构下环境税效应研究述评［J］．中国人口·资源与环境，2015，25（2）：121－128.

［96］刘晔，周志波．环境税“双重红利”假说文献述评［J］．财贸经济，2010（6）：60－65.

［97］刘晔，周志波．完全信息条件下寡占产品市场中的环境税效应研究［J］．中国工业经济，2011（8）：5－14.

［98］周志波，张卫国，刘晔．小型开放经济中环境税改革的效应研究［J］．重庆大学学报（社会科学版），2016，22（5）：53－64.

［99］周志波，张卫国．农业面源污染环境税规制机制研究进展［J］．西南大学学报（社会科学版），2018，44（3）：43－51.

第四章　环境税规制面源污染理论前沿

——基于农业面源污染的研究

【内容提要】环境问题已经成为全球共同面临的难题，自20世纪七八十年代以来，世界各国试图通过市场机制利用经济政策对环境污染进行规制，环境税作为一种环境经济政策得到大力推广，相关的理论研究也十分丰富。但是，有关环境税规制污染问题的研究特别是早期文献，一般都关注点源污染问题，而较少涉及面源污染问题。最近二三十年，在点源污染治理取得重大进展的背景下，面源污染问题越发引起世界各国重视，有关环境税规制面源污染的研究取得了重大进展，并形成了比较丰富的理论成果。本章对环境税规制农业面源污染研究的最新进展和主流文献做一个梳理总结。

【关键词】环境税；农业面源污染；环境规制；文献综述

长期以来，我国农业经济的发展与生态环境之间都存在着严重的冲突和尖锐的矛盾，其中最为突出的问题就是农业带来的面源污染。陈锡文（2002）就指出，“中国农业发展与环境之间存在严重矛盾和冲突，突出问题是农业面源污染问题”。农业面源污染问题是农业经济发展过程中产生的问题，只能通过发展的道路和途径来加以解决，这一点得到了广大专家学者和政府部门单位的共识。同时，伴随着农业经济的快速发展，由化肥、农药、养殖等引致的农业面源污染问题越发严重，这引起了党和国家的高度重视，并积极研究解决办法，一方面通过

改进农业生产技术降低农业生产活动的负外部性，另一方面积极研究出台规制农业面源污染问题的环境政策。但从实际情况看，农业面源污染规制政策的制定和出台，明显滞后于污染问题的持续恶化趋势，这一状况直到党的十八大才得以好转，相关工作持续快速推进。

党的十八大以来，中央从实现中华民族伟大复兴的高度，就“四个全面”战略布局和“五位一体”总体布局做了前瞻性部署，首次将生态文明纳入党的施政纲领。特别是党的十九大，再次就推进生态文明，建设美丽中国做出了新的部署。为了贯彻落实好党的十九大精神，深入推进生态文明建设，中共中央办公厅和国务院办公厅于 2017 年 10 月联合印发了《关于创新体制机制推进农业绿色发展的意见》，就贯彻新发展理念、推进农业供给侧结构性改革、促进农业绿色发展、加快实现农业现代化提出了新的要求，其中对农作物化肥、农药使用量和利用率、养殖废弃物综合利用率、农膜回收率等关乎农业面源污染源控制的问题提出了明确的目标。充分发挥市场机制的作用，通过经济手段控制农业面源污染，是创新发展绿色农业、生态农业的重要举措，是推进农业供给侧结构性改革、有效解决“三农”问题的制度创新，更是积极推进生态文明建设、贯彻落实“五位一体”总体布局的题中之意。从西方发达国家最近几十年的成功经验来看，环境税在点源污染的治理中发挥了重要的积极作用，取得了一系列的理论和实践成果，并上升为国家环境经济制度；同时，环境税在面源污染的规制中也发挥了积极的作用，美国等西方发达国家已经将相关的制度应用于农业面源污染规制的实践中，相关的理论研究也积累了丰富的成果。规制农业面源污染，发展绿色农业，一方面要加强顶层设计，创新制度，另一方面要加强理论研究，总结经验。本章将对环境税规制面源污染尤其是农业面源污染的相关研究做一理论综述。

一、规制农业面源污染的环境经济政策研究概况

（一）相关概念界定

面源污染，在比较正式的文献中称为非点源污染（non - point source pollution，NPSP），或分散源污染（dispersive pollution），是与点源污染（point source pollution，PSP）相对的一个概念。点源污染，简单地说就是污染源头集中排放的一类污染，主要是工业生产排放和城市生活产生的污染物，这类污染物的突出特征就是排污点比较集中、排放途径比较明确。面源污染，简单地说就是除点源污染以外的污染，也就是污染源头不集中的一类污染，但这一概念有广义和狭义之分，前者是指各种没有固定排污口的环境污染，包含的空间范围比较广，后者通常限定于水环境的非点源污染，因为多数情况下水环境污染是面源污染的主要形式和最终结果（Novotny and Olem，1994；周志波、张卫国，2017）。当前，面源污染已经成为全球面临的共同难题，各国公认面源污染是导致生态环境恶化的一个重要原因，其危害性不亚于点源污染，在很多情况下甚至超过了点源污染，典型的例子就是农业径流中的化肥和农药，以及大城市的车辆排放等造成的污染。从污染对生态环境破坏的贡献来看，农业是面源污染的主要来源，对生态破坏和环境污染的贡献度在全球范围内都呈现出逐年上升的趋势。早在 20 世纪末，Corwind，Loague 和 Ellsworth（1998）就指出，根据相关的统计数据，整个地球的表面 30% ~50% 的范围已经受到面源污染的影响（周志波、张卫国，2017），其中很大一部分甚至已经受到面源污染的严重威胁，而这些污染当中的很大一部分是由于农业造成的，这种影响可能是直接的农业面源污染排放带来的，也可能是间接地由于农业面源污染排放导致的。所谓农业面源污染（agricultural non - point source pollution，ANPSP)，实际上也有广义和狭义之分，广义的农业面源污染包括与农业生产生活相关的各种形式的面源污染，包括沉积物、农药、废料、致病菌等分散污染源引起的对水层、湖泊、河岸、滨岸、大气等生态系统的所有污染；狭义的农业面源污染一般限于农业生产生活过程导致的水源污染①（张维理等，2004；李秀芬等，2010；金书秦，2017；张平淡和袁赛，2017）。当前，在我国农业活动中，非科学的经管理念和落后的生产方式是造成农业环境面源污染的重要因素，如剧毒农药的使用、过量化肥的施撒、不可降解农膜连年弃于田间、露天焚烧秸秆、大型养殖场禽畜粪便不做无害化处理随意堆放等，这些污染源对环境的污染，尤其对水环境的污染影响最大（周志波、张卫国，2017)。

（二）环境经济政策规制农业面源污染的研究概况

面源污染的控制不同于点源污染，国际上通常对点源污染采取终端控制手段，从最终排放环节入手进行管控，而面源污染尤其是农业面源污染则主要按照源头防控的原则加以管控（黄彬彬，2012；Cochard，Willinger and Xepapadeas，2005；吴义根、冯开文和李谷成，2017)。从发达国家的实践看，农业面源污染的防控政策，主要包括工程技术手段、行政命令手段、农业生产标准手段、环境经济政策手段。环境经济政策手段，主要分为“庇古手段”和“科斯手段”两类（张巨勇，2008；尚杰、李新和邓雁云，2017)。庇古手段就是一种侧重于政府纵向干预的经济手段，主要包括税收或收费、补贴、押金—退款、罚款等政策工具；科斯手段则是一种侧重于市场机制的横向调节经济手段（Robert，2003)，主要包括自愿协商、排污权交易等政策工具。目前，一些环境经济政策手段，如排污收费、排污权交易、使用者收费、产品收费、信贷补贴和价格、污染赔款和

① 具体而言，广义的农业面源污染，是指由农业生产活动和农村生活活动造成的有别于点源污染的系列污染问题，包括水污染、空气污染、土壤污染、生物性污染等问题。狭义的农业面源污染，指在农业生产生活活动中，农田中的泥沙、营养盐、农药及其他污染物，在降水或灌溉过程中，通过农田地表径流、壤中流、农田排水和地下渗漏，进入水体而形成的面源污染，主要包括化肥污染、农药污染、集约化养殖场污染，这些污染物主要来源于农田施肥、农药、畜禽及水产养殖和农村居民，主要包括重金属、硝酸盐、铵盐、有机磷、六六六、COD、DDT、病毒、病原微生物、寄生虫和塑料增塑剂等。

罚款等，已经普遍应用于点源污染控制中，适用于面源污染控制的经济手段主要有环境税、排污权交易、成本分摊或使用者收费、信贷、补贴和价格工具。实际上，早在20世纪七八十年代，欧美发达国家就已经开始关注农业面源污染问题，并设计了如环境税、污染排放许可、休耕补贴、污染处理处置技术、污染防治法律法规等政策工具解决面源污染问题（Revenga and Mock，2000）。

从现有文献看，关于农业面源污染防控的研究，工程技术、农学等领域的文献比较丰富，主流的研究比较主张按照源头控制、分类管理的原则，对不同类型的农业面源污染采用不同的管控手段，通过开发成本低廉的替代性生产技术手段，让农业生产者主动选择有利于生态环境的生产方式，减少农业面源污染的排放和危害（Eirik，2003；周志波、张卫国，2018）。相对而言，关于环境经济政策手段领域的相关研究显得还不够，可能的主要原因有几个方面：一是在发展现代农业、生态农业的背景下，政府更加倾向于发展环境友好型的农业生产技术，从而在技术层面实现农业面源污染的减排，理论界从工程技术和农业栽培等方面进行的研究比较多。二是基于政治稳定、社会可接受性方面的考量，在未能证实环境税比其他工程技术手段更加有效的前提下，各国政府一般不轻易采取税收手段防控农业面源污染，这方面的研究自然不会太多。三是鉴于面源污染的复杂特征，开征环境税可能遭遇管理技术方面的困难，同时由于面源污染的情形比点源污染复杂得多，分析环境税治理农业面源污染的机制和效应，建立理论模型和分析作用机理都存在相当的难度，也是造成相关研究较少的原因之一（周志波、张卫国，2017）。

二、环境税规制农业面源污染的机理和效率研究

（一）环境税治理农业面源污染研究的发轫：从不对称信息问题取得突破

与点源污染形式不同，面源污染很难通过设计一种单一的政策工具加以有效

规制，因为确定各个污染个体对环境污染的贡献度（或者说对环境质量的影响）十分困难。因此，最实用的办法就是，要么依靠调节投入、产出或技术标准等与污染变量间接相关的指标，通过一种非直接的税收（或罚款）传导机制对污染要素的投入、污染技术的使用行为进行惩罚；要么花费很高的成本安装监控设备，确保个体污染者的排放水平可以准确观测，对污染者的排污行为实施“精准惩戒”（Millock and Salanie，2005；周志波、张卫国，2018）。税收机制在点源污染治理领域取得了重要进展，环境税、生态税、污染税、碳税、排污税等系列环境政策工具被世界各国广泛应用，大量的理论研究和许多国家的实践证明，税收机制在规制面源污染领域具有可行性。

环境税作为一种环境经济政策规制环境污染，最初应用于由工业生产、石化燃料、交通排放等造成的点源污染问题，因而早期的研究也多数集中在点源污染领域。实际上，环境税（排污税）、可转让排污交易许可等环境政策工具，已经得到理论界的一致认同，很多经济学家认为通过价格机制促进点减排是可行的，环境税规制点源污染也是有效的（Hansen，1998；Camacho - Cuena and Requate，2012）。周志波和张卫国（2017）认为，在环境经济政策工具的共同作用下，点源污染问题得到有效控制，但随着经济社会的发展，面源污染问题却越发突出，并逐渐成为污染损害的主要来源。Camacho - Cuena 和 Requate（2012）指出，越来越多的生态环境问题，特别是由于农业生产生活带来的环境问题，大多属于面源污染的范畴。据统计，农业面源污染已经成为面源污染的主要形式，造成的环境损害范围广、时间长、破坏力也很大，这逐渐引起了世界各国政府和研究机构的关注。尤其是农业带来的流域、湖泊的面源污染问题，让很多学者开始研究是否可以将点源污染领域有效的政策工具移植到面源污染治理的实践，环境税、罚款、收费等政策都是各国学者的研究重点。

一般认为，环境税在点源污染规制领域的成功，有一个重要的前提条件，即监管者对每一个污染者的排放量等相关情况具有完全的信息。但是，与点源污染不同，农业面源污染的一个典型特征就是单个农业生产（污染）者的污染行为和排放情况（对环境的损害情况）无法进行有效观测或推测，监管机构能够掌握的信息就是周围环境中相关污染物的浓度等信息，但对于单个污染者对环境污染或环境损害的贡献度却无从得知（Xepapadeas，1995，1999；Horan et al.，1998；Camacho - Cuena and Requate，2012；周志波、张卫国，2018）。换言之，农业面源污染的规制面临着信息不对称的壁垒。正如 Schmutzler（1996）所指出的那样，这种信息不对称问题，一方面可能源于观测每个单一个体的排放水平在技术上有困难，另一方面则可能由于观测和掌握这些污染排放的信息成本非常高（周志波和张卫国，2017，2018）。信息不对称问题，在很大程度上阻碍了环境税等适用于点源污染问题的政策工具运用于农业面源污染的规制和治理（Shortle et al.，1998；Wu and Babcock，1999），要么因为相关信息难以监测，要么因为获取相关信息的成本十分高昂。但有关环境税治理农业面源污染的研究，最早也是从信息不对称方面取得突破的（周志波和张卫国，2017，2018a）。实际上，早在 20 世纪 70 年代，一些环境经济学领域的学术先驱就已经开始关注环境规制中的信息不对称问题，并开始致力于环境税规制面源污染的研究（Baumol and Oates，1975；Harford，1978；Fishelson，1976）。但实际上，面源污染的单个污染行为难以观测，但总体的污染结果或者环境损害却是可以通过特定的方法进行测算的。这一点被一些学者敏锐地捕捉到，自 20 世纪 80 年代中后期以来，一些学者以此为突破口，设计出一种针对环境污染总体排放或者损害征税的环境税收制度（Cabe and Herriges，1992；Herriges et al.，1994），并从数理推导层面对环境税机制的有效性进行了论证，Segerson（1988）提出的 Segerson 机制实际上就是这方面的典型研究成果。事实上，也正是 Meran 和 Schwalbe（1987）、Segerson（1988）率先明确提出用环境税控制面源污染问题，他们提出建立一种包括固定罚款和环境税/补贴（对总体污染排放或环境损害征税或补贴）的环境规制机制，这种机制类似于“两部收费制”，罚款是企业的固定环境支出，即便实际排放量低于目标排放量，仍然要支付罚款；税收（补贴）则是可变环境支出（收入），总体税收（补贴）与实际环境水平和目标环境水平之间的差距成比例，当实际排放水平超过（低于）环境规制者设定的环境污染水平，就对污染者征税（或进行补贴）。学术界通常将他们提出的这种罚款 + 税收（补贴）的机制称为

Segerson 机制，但也有文献将他们提出的税收—补贴机制称为 Segerson 机制（Vossler，et al.，2006）。Segerson 机制奠定了环境税控制农业面源污染的基本分析框架，在此后的很长一段时间内，有关环境经济政策与农业面源污染治理的研究都围绕 Segerson 机制的完善和延伸展开，并且大多对环境税机制和罚款机制的效应进行比较分析（周志波和张卫国，2017，2018）。

此外，Griffin 和 Bromley（1982）等学者认为，由于农业面源污染存在几乎难以克服的信息不对称问题，必须按照源头管控的思路对其进行管制。基于这样的认识，他们提出一种基于污染要素投入的环境税制度（input tax），从源头上对农药、化肥等造成面源污染的生产资料征税，结果表明用税收手段防控农业面源污染是可行的。他们是研究环境税治理农业面源污染问题的先驱，但鉴于当时西方国家农业税收负担较重，他们的研究并未引起足够的重视。大量文献研究表明，面源污染问题可以利用基于污染排放噪声观测的激励相容机制，在这一方面 Holmström（1982）的研究非常具有代表性，与 Segerson（1988）提出的税收机制为后续研究提供了基准分析框架。但是，Holmström（1982）建立的理论模型依赖于三个假设。第一，总的面源污染排放量可能存在一些测量误差（measurement error），但一定能够公开进行观测。这样就可以计算和征收环境税（实际上是一种排污税）：每一个污染者根据监测到的排污水平，按照环境税税额标准，计算缴纳相应的环境税。第二，在选择污染排放水平时，面源污染者博弈遵循古诺—纳什（Cournot - Nash）行为模式，同时进行排污决策。换言之，面源污染者之间不存在先发优势，也不存在寡头、垄断等市场势力，他们具有同质性，同时进行决策，确定农业面源污染排放水平。第三，污染者是风险中性的。当每个排污主体都承担污染排放增加的边际成本时，环境税就是有效率的（Meran and Schwalbe，1987；Segerson，1988）。这样得出的结论是，即便在不对称信息条件下，规制者没有关于个体污染排放的信息，利用环境税调节面源污染是可行的，并且可以实现有效率的配置。实际上，污染者个体污染排放相关的信息毫无价值，合意的环境税制度设计并不需要这些信息，这一结论已经被很多在该领域具有重要影响力的学者的相关研究所证明。例如，Cabe 和 Herriges（1992）建立的静态模型，

McAfee 和 McMillan（1991）、Laffont（1994）等引入逆向选择的研究，以及 Xepapadeas（1992）建立的动态模型，都再次验证了这一结论；同时，Lewis（1996）研究了机制设计（mechanism design）在环境污染规制问题中的应用；Chambers 和 Quiggin（1996）将这一方法应用于农业面源污染的研究中，属于该领域的开创性研究，并且验证了上述结论。此后，很多学者循着这一方向解决农业面源污染的信息不对称问题，即环境税（或者补贴）不针对单个面源污染者个体的排放，而是根据污染者集体的污染排放总水平对每一个体征税（Millock and Salanie，2005）。例如，D'Amato 和 Franckx（2010）就专门研究了环境税（排污税）规制农业面源污染过程中寻找污染代理变量的问题。他们假设存在 n 个风险规避型的污染源，并设计了一种标尺竞争机制（yardstick competition scheme）规制面源污染，这种规制机制依赖于污染源的集体绩效（总体排放）和污染者的平均绩效（个体排放）之间的差异，其规制效率是否高于针对单位污染排放征收的排污税，取决于污染监测中一般随机因素协方差矩阵的结构；更为重要的是，如果污染面源数量足够多，这种标尺竞争机制通常优于线性的环境税机制。

（二）环境税规制农业面源污染的效应和机制研究：环境税规制农业面源污染是有效的

Xepapadeas（1991）沿着 Segerson（1988）、Meran 和 Schwalbe（1987）等学者的思路，更进一步地提出了两种非常有名的规制面源污染的政策工具，即集体罚款机制（collective fining）和随机罚款机制（random fining 或 stochastic fining）。如果环境污染水平超过环境规制目标，在集体罚款机制下，所有潜在的污染者作为一个整体接受集体罚款；在随机罚款机制下，某一个潜在的污染者被随机地挑选出来接受罚款处罚。Xepapadeas 原本打算设计一种预算平衡的政策机制，但从 Holmström（1982）、Xepapadeas（1992，1995）、Rasmusen（1987）、Kritikos（1993）的后续研究结果来看，当污染主体是风险中性的并且面临被罚款的概率相同时，这种机制是非预算平衡的，随机罚款机制会由于激励不相容问题失效；只有在污染主体足够厌恶风险的情况下，才可能在纳什均衡中实现遵从，让污染主体按照政策工具预设目标行为决策。

Hansen（1998）则在 Xepapadeas（1991）等学者的研究基础上，更进一步地指出了 Segerson 机制的合理性和不足之处。每个污染者都根据周围环境的污染浓度变化对环境造成的总体边际损害支付边际税收，这种机制将对最优产出和减排水平产生最优激励，并且当环境损害函数是线性的，Segerson 机制只要求规制者了解损害函数，即污染者风险中性且生产和效用函数标准凸。在线性环境损害函数的前提下，对信息的要求越不严格，Segerson 机制在实际中应用的可能性就越大。但是，当环境损害函数在相关范围内是非线性的，对于每个污染者的最优环境税税率就各不相同，并且如果规制者计算针对每个污染者的税率，就必须知道每个污染者的减排成本和排放函数，因为最优税率依赖于最优减排和最优产出水平。在这种机制的许多实际运用中，如对于湖泊、河流、地下水等污染问题，环境损害函数一般都是非线性的，当污染排放高于某一个水平，环境污染集中度对环境的边际损害就会急剧上升。并且，每一个污染者支付与环境污染总体边际损害相等的边际税率，每个污染者支付的税收都受到其他污染者减排努力程度的影响，这就保证了当污染者之间不合作时存在合作的潜在收益，从而形成合作减排的正向激励。但这种机制也鼓励污染者合谋，从而使得税收机制失效。基于以上考虑，Hansen（1998）在 Segerson 税收机制的基础上进行改进，建立了一种基于环境损害的环境税机制，这种机制在本质上与 Holmström（1981）、Miceli 和 Segerson（1991）提出的机制是相似的。这种改良的环境税机制的优点在于：当环境损害函数非线性时，减少了对于污染者生产函数信息的需求，环境规制者不必获知污染者减排成本和污染排放函数，并且这种机制降低了污染者之间合谋的可能性，维持了短期的最优状态。在 Segerson 环境税机制下，规制者解决了所有的筹划问题，而在 Hansen（1998）建立的基于损害的环境税机制下，筹划问题的解决则通过“分权”（decentralization）由污染者通过市场机制实现合作。不过，这种“分权”在减少了规制者面临的信息问题的同时，也造成了最优纳什均衡可能不稳定的后果。总体而言，Hansen（1998）的分析表明，环境税用于农业面源污染的规制是可行且有效的。

（三）环境税规制农业面源污染效率问题的质疑：个体理性的局限性、污染排放的随机性和污染主体的合作共谋

现有的大量文献表明，环境税规制农业面源污染不仅在污染减排方面有用，而且在经济学上确实有效率，可以通过合意的环境税机制设计实现经济效率和社会福利的整体改善。一些学者近年来对农业面源污染规制问题进行的实证研究，也再次验证了罚款机制、税收—补贴机制规制面源污染问题的作用机制和实际效应，结果都表明经验上的数据支持环境税规制农业面源污染的效率。例如，Spraggon（1999，2002）的研究就发现了环境税规制面源污染，在实现环境目标方面十分有效，但集体罚款机制对面源污染的规制效率就低得多。当然，他们分析的环境税实际上是一种包含环境税式支出的环境税/补贴机制。

当然，环境税规制农业面源污染的效率问题也遭到一些研究的质疑和否定。Cochard 等（2005）的研究具有较强的代表性，他们假设污染主体间存在负外部效应，比较分析环境税和罚款两种机制在规制面源污染方面的效率。他们的分析结果表明，集体罚款机制相对环境税机制，规制农业面源污染的效率高得多，并且环境税机制可能造成过度减排的无效状态，虽然环境目标得以有效实现，对于改善生态、保护环境具有明显的作用，但由于过度减排问题反而造成了经济效率的降低和社会福利的损失。实际上，相关的质疑主要来源于两个方面：第一，污染主体必须清楚他们的个体排放行为对于污染排放总水平测量的影响，而排放主体众多是农业面源污染的重要特征，因而要满足这一条件就变得十分困难。我们可以将这种质疑归纳为“污染个体理性的局限性”。实际上，Cabe 和 Herriges（1992）就曾经指出，环境税效率低下，是因为污染者无法了解他们个人对环境监测结果进而对他们收入或收益的影响①。Karp（2005）研究了环境税规制面源

① 总体看来，对于如农业径流等造成的面源污染问题，较低的环境税可能是一种比较有吸引力的环境政策工具。但有一点必须明确，这一结论只有当规制者（政府）为污染者提供较低的环境税或设置在庇古税率水平上的排污税两种政策选择时才成立。如果政府不能为污染者提供环境政策选择，就不可能对农业面源污染者集体进行有效观测，也就无法实现环境税对农业面源污染的有效规制。

污染的额外税收负担问题，结果发现，如果规制者能够观测到单个面源污染者的排污水平，那么基于污染排放总水平征收的环境税可以实现社会最优的污染排放，但要保证环境税机制的有效性，每个面源污染者都必须清楚地意识到自己的决策对总体污染排放水平的影响；当污染者对环境税政策采取策略性行为时，他们的税收负担可能会低于对个体污染排放水平征收环境税的情况，因此面源污染者更加偏好于规制者无法观测到个体排放水平的情况，即便不对称信息让规制者不得不对总体污染排放水平征税。第二，环境税一般适用于对污染排放量的随机噪声测量（noisy measurement），根据有噪声的随机测量值征收环境税，给污染者带来了风险，而这种风险会使得社会成本非常高，即便污染者是规避风险的。我们可以将这种质疑归纳为“污染排放的随机性”。从理论上讲，采用非线性激励机制能够减少对环境税效率问题的质疑，但这样的机制往往会导致自相矛盾的结果，最典型的就是最优政策要求无限处罚但处罚率为零（Mirrlees，1974）。激励机制的设计也依赖于精确的测量误差的概率分布特性，而这种特性又使得在实际操作层面十分困难。

我们也注意到，关于环境税规制面源污染的研究，特别是证实环境税机制有效的文献，一般都没有考虑面源污染者之间的沟通协调和合作共谋因素。如果放松污染者合作共谋的假设，可能结论会有所差别，早期引入污染者合作共谋因素的有关文献，往往认为环境税规制面源污染的有效性值得商榷（Vossler et al.，2006），并且合作共谋对研究结论具有关键性影响。由此引出对于环境税机制效率问题的第三个质疑理由——污染者合作共谋。例如，Vossler 等（2006）考虑到污染主体销售收入的不确定性问题，比较分析了固定罚款、环境税（税收—补贴机制）及这两种工具组合在面源污染规制方面的效应。考虑到污染主体之间无约束的沟通对话，污染主体发现这种成本低廉的对话机制有助于提高固定罚款机制和组合政策工具的效率，而在税收—补贴机制下则会鼓励污染主体之间共谋（collusion），导致环境税控污减排失效（周志波和张卫国，2017）。实际上，放松非合作行为假设本身是否重要，与面源污染集体的性质有关联。特别是，许多农业问题涉及当地流域的污染问题，污染者之间合作共谋的方法在减少污染排放方面可能会有价值。农业生产者之间的合作是必不可少的，他们建设并保护湿地和池塘以捕捉硝酸盐排放量就是这方面的典型例子。此外，在欧洲和其他国家有一种环境政策趋势，就是使用依赖于污染者合作的自愿协议或契约，实现污染减排的目标（Börkey，Glachant and Lévêque，1998）。从工作场所（Kandel and Lazear，1992）、小额信贷机构（Besley and Coate，1995）到农业环境组织（Romstad，2003）的不同情境，农业面源污染者之间存在的合作都有据可查。早期 Kandel 和 Lazear（1992）的研究表明，因社会道德带来的同行压力为污染者采取合作共谋策略提供了有效的激励。De Janvry，McCarthy 和 Sadoulet（1998）研究了污染者之间的合作共谋质量如何依赖于监管和执行成本。值得注意的是，现有的监管机构往往在社会层面和专业技术层面依赖于地理位置上较近的主体之间的合作，这实际上就是一个同行监测（peer monitoring）的制度框架。早在 20 世纪 90 年代初，荷兰就成立了农业合作社，以协调政府为防止过量施肥导致富营养化问题而采取的各项政策措施（OECD，1997）。

有关同行监测（peer monitoring）的研究文献表明，当污染主体之间共享规制者（政府）不能观测掌握的相关信息时，签订协议进行同行监测就有价值（Varian，1990；Holmström and Milgrom，1990），有利于面源污染的减排和控制。与规制者（政府）相比，污染主体在污染排放方面拥有很多的信息优势①。这种同行监测的优势已被一些实证研究用于公共财产资源管理（Ostrom，1990）。地理上的邻近有助于检测可能的共谋偏离（违约），合作也需要对不合作的违约方实施制裁的能力，否则这种合作共谋就是一种松散的、没有任何保障的“口头协议”，会对面源污染者的决策行为模式造成重大的影响，因为每一个参与合作共谋的污染者都可能为了获得额外的利益而背离“协议”。从这一点上说，将违约

① 例如，印度的许多污染工业位于工业园区，这里的水污染具有典型的面源特征。规制者（政府）可能观察到园区边界的公共排放，但是在同一工业区内的企业在监控其他企业污染排放方面比地理位置上相隔较远的环保机构更加方便，也更具有合理合法性。Sterner（2003）分析了印度西部古吉拉特邦（Gujarat）安格莱什沃（Ankleshwar）工业园区在园区内建立的企业自愿监控同行的效应。这个园区有 400 多个化工厂，安格莱什沃工业协会采用了包括提供相关信息、征收小额排污费、罚款在内的多种手段迫使会员企业清理污染，以提升工业园区的整体形象和声誉，为招商引资工作添彩。

者排斥在共同项目（如农业合作、专业协会、联合研究）之外的威胁可以形成一种有效的行为约束，阻止污染者对合作的偏离或者违约，保证污染者之间的合作共谋行为具有稳定性。众所周知，在重复的博弈中，如果污染主体的贴现因子足够高，如社会孤立（social seclusion）等可信的威胁有助于维持污染主体之间的合作。农业面源污染主体如果在博弈中同时决策、同时行动，也可能出现合作的结果，如社会协作，或者合作社共享共同的生产要素。如果污染主体停止减排合作，通过使用触发策略（trigger strategy）并威胁恢复到非合作的二次博弈均衡状态，他们就可能在排放和减排方面维持合作（Spagnolo，1999）。值得注意的是，即使对合作共谋的背离无法有效观测，某些合作共谋仍然是可持续的。在这种情况下，对农业面源污染排污行为的惩戒制裁必须针对污染者集体，并且总体排放水平高于设定的某一阈值。在均衡状态下，没有人偏离设定的排放水平，但如果污染排放监测是随机的，惩戒制裁却是无效率的，这与 Green 和 Porter（1984）的研究结果吻合。但事实上，关于环境税规制农业面源污染的政策机制，多数文献采用直接对个体污染排放（或其代理变量）征税的办法，其结论大多数情况下不支持环境税机制有效规制农业面源污染。与此同时，由于污染者之间合作共谋可以更好地消化环境税提高带来的影响，在不完全信息条件下，这必然导致更高的环境税水平，但实践中规制者（政府）往往更愿意采取相反的政策。因此，监管者（政府）必然会采取这样一种折中的政策，即对合作共谋的污染者群体设置过高的环境税，而对不合作共谋的污染者群体设置过低的环境税，进而导致这样的结果——在污染者可能合作共谋的情况下，环境税在经济学意义上有效率的结论可能并不成立（Millock and Salanie，2005）。这实际上是理论结果与实践选择之间的一种“悖论”，也是实证分析与规范分析的一种“背离”。在不预设价值判断的前提下，从社会资源配置最优的角度讲，应当对合作共谋程度高的污染群体征收高税率的环境税；但从社会公平角度这一否定的结果要求引入其他的政策工具加以配合，以更好地监视污染者群体的行为（周志波和张卫国，2018）。

三、环境税规制农业面源污染研究的新进展——合作共谋因素、团队绩效机制和实验经济学研究方法的引入

早期引入合作共谋因素的有关研究表明，环境税机制的有效性严重受限于不完全信息和合作共谋，考虑合作共谋的研究一般都对环境税机制的有效性提出了质疑。但是，近些年来理论界对这方面的质疑做出了越来越多的回应，特别是引入实验经济学方法的有关研究，论证了环境税规制农业面源污染有效率的结果可以延伸到污染者合作共谋的情况下，并且在更低的环境税税率下就可以实现同样水平的污染排放总量控制（Millock and Salanie，2005）。

（一）合作共谋因素和团队绩效机制的引入减少了对环境税规制效率的质疑

在环境税规制农业面源污染的研究中，对于污染者之间沟通协调、合作共谋的关注最早源于制度经济学对集体道德风险（moral hazard）、个体隐藏行为（hidden actions）和团队绩效激励机制（collective performance mechanism）的相关研究。集体道德风险，特别是其中个体的隐藏行为，导致个体最优行为与集体最佳行为之间存在巨大差异。在有关面源污染规制的研究中，很多文献提出建立多种工具相结合的政策规制农业面源污染，其中最典型的就是“两部规制工具”（two - part instruments），这样的政策工具组合一方面具有最优庇古税机制的特点，另一方面又对污染监控和政策执行具有最低的要求，但却发现激励机制的设计不当也可能引致道德风险问题。近年来，Goetz 和 Martínez（2013）等的研究再次证实了这一问题。他们对面源污染的税收/补贴两部规制工具的设计和适用性进行了分析，并利用西班牙东北部地区的畜禽养殖数据，实证研究了最优的税

收/补贴政策组合。结果发现，这种机制将税收和补贴政策结合起来，对不利于污染控制的行为征税，对有利于污染控制的行为补贴，但却导致了道德风险问题，因为污染不仅仅取决于污染投入，还与污染投入的方法高度相关。实际上，这一问题很早就引起了理论界的广泛关注，并促进了相关研究的快速发展，很多学者致力于设计基于集体绩效的激励机制，以实现集体决策和行为达到理想水平，典型的例子就是激励相容的公共产品筹资机制（incentive - compatible public goods funding mechanisms）在公共经济学中的应用（Bagnoli and McKee，1991；Groves and Ledyard，1977；Smith 1980），收入共享、强制契约和竞争性竞赛等团队绩效机制在契约理论中的应用（Holmström，1982；Nalbantian and Schotter，1997）以及环境污染控制政策工具在环境经济学中的应用（Segerson，1988）。团队绩效激励机制的理论发展在很大程度上依赖于团队成员没有明显的协作努力这一假设条件。但实际上，团队绩效机制往往最适合甚至实际应用在个体成员可以沟通并且合作共谋具有可能的条件下（Che and Yoo，2001；Segerson，1999）。因此，无论从理论还是政策的角度讲，沟通协调对团队绩效机制效率的影响都应当从实证方面加以研究，以确认是否存在为实现某一集体结果时进行沟通合作有利可图的情况。

作为解决群体道德风险的一种途径，自 Segerson（1988）开始，很多经济学家十分关注农业面源污染政策工具设计问题，这些工具通常都是基于整个污染集体排放导致的环境污染水平（Cabe and Herriges，1992；Hansen，1998；Herriges et al.，1994；Horan et al.，1998，2002）。在 Segerson（1988）的一般激励机制下（以下简称“Segerson 机制”），如果面源污染总排放（对污染者集体的测量）超过（或者低于）预定的排放目标，那么每个面源污染者都支付罚款（或者接受补助）。这种激励有两种形式：对超标排污实施非连续但固定的罚款机制，或者就相对于排放目标的面源污染边际变化征税/补贴机制。面源污染者的支付义务（税费负担）依赖于所有污染者的减排努力，而不仅仅依赖于其自身的减排努力，并且与随机的环境反应有关系。从理论上讲，Segerson（1988）提出的这种目标或强制契约方法（targeting or forcing contract approach），与 Holmström

（1982）提出的强制契约机制类似（Bagnoli and McKee，1991）。Weersink 等（1998）、Shortle 和 Horan（2001）指出，在流域污染治理问题中，基于环境污染排放总量的规制方法的最佳适用条件有四个：第一，面源污染主体数量不太多；第二，面源污染者具有同质性；第三，已有污染监测机制；第四，面源污染排放与环境损害之间的时滞不太长（周志波、张卫国，2018）。然而，交易成本低、反应速度快等条件反映了理想的合作共谋的形成机制：单个面源污染者的支付义务（可能是税收，也可能是罚款），依赖于整个污染集体的减排努力，所有的污染者都有激励形成一个"减排联盟"并对减排策略达成一致意见，以减少他们的预期税费负担（Hansen，1998；Hansen and Romstad，2007）。此外，Hansen（1998）从理论上证明，在 Segerson（1988）提出的非预算平衡的规制机制中，面源污染者有激励促进集体减排，污染者有动机和理由共同做出努力，让污染排放低于目标排放水平。因此，虽然基于环境污染水平的机制可以通过将信息要求限制在监控环境污染水平而非个体污染排放水平，进而提升政府（污染规制者）的视野，但一个基本的关注点在于污染者之间的合作可能让面源污染规制机制变得无效率。当然，也有相关的研究坚持认为面源污染的规制应当针对污染者个体行为实施，而不应针对集体绩效执行。Horan（2002）分析了当规制者与污染者之间存在环境关系和随机事件相关概率方面的不对称信息问题时，环境税规制面源污染的问题。他们比较分析了污染者风险中性和风险规避两种情形，结果发现最优的环境税应当是针对个体污染者的排污行为征税，并且规制者应当提供其他的激励机制以保证污染者采用减少排放的生产技术。

（二）实验经济学研究方法的引入将环境税规制农业面源污染的研究推向新的阶段

一些学者发现，相关研究十分注重数理模型的逻辑推导，存在过度理论化的问题，并开始采用实验经济学的方法研究环境税和罚款规制农业面源污染的相关问题（Suter，et al.，2009；Shortle and Horan，2001；Miceli and Segerson，

2007）。事实上，很多学者（Heiderscheidt，Leiviskä and Kløve，2015；Kaplowitz and Lupi，2012；Wesström，Joel and Messing，2014）认为，实验经济学的发展为面源污染规制问题的研究提供了新的工具和方法，使相关研究进入了一个新的阶段。现代实验经济学文献大致有三条脉络，一是检验个体决策理论的实验，二是检验博弈论假说的实验，三是检验产业组织问题的实验（Kagel and Roth，2016），且前两者都与面源污染规制问题的研究高度相关。

在利用实验经济学方法研究面源污染规制问题的早期重要文献中（Cason and Gangadharan，2005；Spraggon，2002；Cason，Gangadharan and Duke，2003；Camacho - Cuena and Requate，2004），污染者之间通过沟通进行合作共谋的因素尚未纳入分析框架。例如，Spraggon（2002）在污染者不合作共谋的假设下分析了 Segerson 机制的效应。此后，Vossler 等（2006）分析污染者通过沟通交流采取合作共谋策略时 Segerson 机制的效应，在该领域具有重要影响。不过，Vossler 等（2006）重点通过实验经济学的方法检验无约束力的沟通（nonbinding communication），或者说所谓的“廉价谈判”（cheap talk）对团队绩效机制的影响，结果表明沟通协调、合作共谋对于污染者集体绩效和行为有着重要影响，提高了固定罚款、税收/补贴等相关规制机制的效率却容易导致过度遵从问题。事实上，这一领域的相关研究往往涉及几种不同的环境税机制或者环境税机制与罚款、收费等机制在规制效率之间的比较分析，有的文献还分析了影响规制效果的因素等问题。例如，Alpízar 等（2004）采用实验经济学的方法，模拟面源污染主体的行为模式，比较研究了 Xepapadeas 提出的非预算平衡的集体罚款和随机罚款机制。他们发现，两种罚款机制在实现最优排污水平方面运行相对良好，被试群体对研究结果具有重要影响。Poe（2004）用实验经济学的方法，检验了在农业面源污染者可能合作的情况下，基于环境污染的规制机制的效率，结果发现环境税/补贴、环境税/补贴配合固定罚款的机制容易导致污染者的过度遵从，最终的污染总排放远远低于社会最优水平。Reichhuber 等（2009）对埃塞俄比亚农民实施了一个类似于农业面源污染问题的一般受众现场实验（common - pool framed field experiment），结果表明，热带雨林地区农民的个人耕作行为无法观测，必然导致对森林资源的过度开发利用。他们比较分析了总体税收（高税率税收和低税率税收）及税收—补贴两种不同类型的环境税机制防控农业面源污染的效应，结果表明，高税率税收机制在达成预期最优耕种水平方面最有效率，而税收—补贴机制则可能导致严重的合谋串通问题。

与此同时，以 Millock 和 Salanie（2005）等为代表的学者，以 Segerson（1988）机制为逻辑起点，将污染者的沟通协作、合作共谋因素引入环境税规制面源污染的分析框架，结果表明在污染者可能合作共谋的情况下，环境税仍然是规制面源污染的有效政策工具。总结相关文献，很多研究认为“廉价谈判”有助于排除一些令人难以信服的均衡结果（Baliga and Morris，2002；Farrell，1988），拓展均衡结果的集合（Farrell and Gihbins，1989），并且有利于避免出现误解或者合作失败导致的无效结果（Farrell and Rahin，1996；Aumann and Hart，2003）。特别是基于实验经济学的相关研究表明，“廉价谈判”有助于散播有关集体最优策略的信息，增进集体成员之间的信任并改变对其他成员行为的预期，增加决策主体收益并改善其结构（Ostrom，1998），从而让污染者之间的合作共谋更具有稳定性。但是，就沟通本身而言，其介入并不必然保证出现有效的结果，并且在某些情况下“廉价谈判”并没有任何的影响（Croson and Marks，2001）。尽管在自愿公共服务筹资机制（voluntary public goods funding mechanisms）中，沟通的作用已经得到论证，但却很少有实证方面的证据表明，在一些目的在于实现理论上最优个人行为的机制中，沟通具有积极的作用（Davis and Holt，1993；周志波和张卫国，2017，2018）。实际上，在农业面源污染规制机制中，集体绩效和沟通合作就具有十分重要的作用。在这种情境下，由于农业面源污染排放具有分散性，并且无法通过合理的成本对污染排放实施精准监测，集体道德风险问题是普遍存在的；特别是，由于复杂的新陈代谢机制、随机的环境因素、多样的面源污染源头等，监管机构很难通过农业生产者的投入或者土地利用情况测算其面源污染排放水平。此外，一些学者还利用实验经济学的方法研究了影响农业面源污染的因素等问题（Min and Shi，2018；Huang and Liang，2018）。例如，Rong 等（2017）以北京市密云水库地区为研究对象，采用田野实验和问卷调查的方法分析了影响农业面源污染排放的因素，结果发现土地利用类型、降雨分布特征、农业生产活动是影响密云水库周边土壤农业面源污染物浓度的主要因素。

但是，由于实验室的回报通常很低，多数基于实验经济学的相关研究通常简单地假设污染主体是风险中性的。但 Goeree，Holt 和 Laury（2002）、Harrison 和 List（2004）等的研究则表明，即便实验室的回报很低（通常只有几美元），结果却表明绝大部分受试对象是风险规避型的，仅有少数受试主体是风险偏好型的。在运用实验经济学分析方法的文献中，Camacho - Cuena 和 Requate（2012）的研究弥补了这一缺陷，并具有重要的影响。他们比较研究了由 Segerson（1988）提出的税收—补贴及 Xepapadeas（1991）提出的集体罚款和随机罚款等二种政策工具规制农业面源污染的效应，尤其是在促进农业面源污染减排方面的效应，这是首次在同一个经济框架内分析以上三种农业面源污染控制工具的效应。同时，他们受 Herriges 等（1994）学者的启发，单独研究了不同政策机制下污染主体的风险态度与不同表现之间是否存在系统性关联，分析风险偏好如何影响面源污染者的决策行为和环境税规制农业面源污染的效应。研究发现以下几个结论：一是税收—补贴机制倾向于导致过度减排，罚款机制则倾向于导致减排不足。尽管在税收—补贴机制下，由于污染主体希望环境规制者多支付补贴而引发了过度减排问题，但这种机制的效果都明显好于集体罚款和随机罚款机制，因为在罚款机制下污染主体的减排量低于社会最优水平，而且这种效应会随着时间的推移和博弈者（污染排放者）经验的积累而被放大。二是罚款对污染主体的劝导作用取决于罚款的方式：集体罚款起正面的劝导作用，而随机罚款机制不利于劝导。三是集体罚款的效果不受经济主体的风险偏好影响；在随机罚款机制下，污染排放主体越偏好风险，对污染排放的影响越小，对环境的损害越大；在税收—补贴机制下，如果经济主体是风险规避型的，过度减排的效应可以得到有效减轻（周志波和张卫国，2018）。Camacho - Cuena 和 Requate（2012）最后指出，在总体污染水平上，集体罚款和随机罚款机制的作用并没有太大区别，而税收—补贴机制的效率比罚款机制的效率高；尽管存在其他多种理论框架和政策工具，

Segerson 机制仍然是防控农业面源污染最有效的政策工具。

本章参考文献：

[1] Alm J. , Jackson B. , McKee M. Institutional uncertainty and taxpayer compliance [J]. American Economic Review, 1992 (82): 1018 -1026.

[2] Alpíza F. , Requate T. , Schram A. Collective versus random fining: An experimental study on controlling ambient pollution [J]. Environmental and Resource Economics, 2004 (29): 231 -252.

[3] Aumann R. J. , Hart S. Long cheap talk [J]. Econometrica, 2003 (71): 1619 -1660.

[4] Bagnoli M. , McKee M. Voluntary contribution games: Efficient private provisions of public goods [J]. Economic Inquiry, 1991 (29): 351 -366.

[5] Baliga S. , Morris S. Coordination, spillovers and cheap talk [J]. Journal of Economic Theory, 2002, 105 (2): 450 -468.

[6] Baumol W. J. , Oates W. E. The Theory of Environmental Policy [M]. Cambridge MA: Cambridge University Press, 1975.

[7] Besley T. , S. Coate. Group Lending, Repayment Incentives and Social Collateral [J]. Journal of Development Economics, 1995 (46): 1 -18.

[8] Branden J. B. , Segerson K. Information problems in the design of nonpoint - source pollution policy [A]//Russell C. S. , Shogren J. F. Theory, Modeling and Experience in the Management of Nonpoint - Source Pollution [M] . Dordrecht: Kluwer Academic Publishers, 1993.

[9] Börkey P. , M. Glachant, F. Lévêque. Voluntary Approaches for Environmental Policy in OECD Countries [R] . Paris: OECD, 1998.

[10] Cabe R. , J. A. Herriges. The Regulation of Nonpoint Source Pollution under Imperfect and Asymmetric Information [J]. Journal of Environmental Economics and

Management, 1992, 22 (3): 134 - 146.

[11] Camacho - Cuena E., Requate T. Collective and random fining versus tax/subsidy schemes to regulate non - point pollution: An experimental study [Z]. Economics Working Papers, 2004, Department of Economics, CAU Kiel.

[12] Camacho - Cuena E., Requate T. The regulation of non - point source pollution and risk preferences: An experimental approach [J]. Ecological Economics, 2012 (73): 179 - 187.

[13] Cason T. N., Gangadharan L., Duke C. A laboratory study of Auctions for reducing non - point source pollution [J]. Journal of Environmental Economics and Management, 2003 (46): 446 - 471.

[14] Cason T. N., Gangadharan L. A laboratrory comparison of uniform and discriminative price auctions for reducing non - point source pollution [J]. Land Economics, 2005 (81): 51 - 70.

[15] Chambers R. G., Quiggin J. Non - point source pollution regulation as a multi - task Principal - Agent Problem [J]. Journal of Public Economics, 1996, 59 (1): 95 - 116.

[16] Che Y. K., Yoo S. W. Optimal incentives for teams [J]. American Economic Review, 2001 (91): 525 - 541.

[17] Cochard F, Willinger M., Xepapadeas A. P. Efficiency of nonpoint source pollution instruments: An experimental study [J]. Environmental & Resource Economics, 2005, 30 (4): 393 - 422.

[18] Cochard F., Gallo J. L., Franckx L. Regulation of pollution in the laboratory: Random inspections, ambient inspections and commitment problems [J]. Bulletin of Economic Research, 2014, 67 (S1): S40 - S73.

[19] Corwind D. L., Loague K., Ellsworth T. R. GIS - based modeling of non - point source pollutants in the vadose zone [J]. Journal of Soil and Water Conservation, 1998, 53 (1): 34 - 38.

[20] Croson R., Marks M. The effect of recommended contributions in the voluntary provisions of public goods [J]. Economic Inquiry, 2001 (39): 238 -249.

[21] Davis D. D., Holt C. A. Experimental Economics [M]. Princeton, NJ: Princeton University Press, 1993.

[22] De Janvry A., N. McCarthy, E. Sadoulet. Endogenous Provision and Appropriation in the Commons [J]. American Journal of Agricultural Economics, 1998 (80): 658 -664.

[23] Dubgaard A. The Danish pesticide program: Success or failure depending on indicator price [C]. Venice: Paper to World Congress of Environmental and Resource Economists, 1999.

[24] D'Amato A., Franckx L. Nonpoint pollution regulation targeted on emission proxies: The role of yardstick schemes [J]. Environmental Economics & Policy Studies, 2010, 12 (4): 201 -218.

[25] Eirik P. Team approaches in reducing nonpoint source pollution [J]. Ecological Economics, 2003, 47 (1): 71 -78.

[26] Farrell J., Gibbins R. Cheap talk can matter in bargaining [J]. Journal of Economic Theory, 1989 (49): 221 -237.

[27] Farrell J., Rabin M. Cheap talk [J]. Journal of Economic Perspectives, 1996 (10): 103 -118.

[28] Farrell J. Cheap talk, coordination and Nash equilibrium [J]. Economic Letters, 1988 (27): 209 -214.

[29] Fishelson G. Emission control policies under uncertainty. Emission control policies under uncertainty [J]. 1976, 3 (3): 189 -197.

[30] Goeree J. K., Holt C. A., Laury S. K. Incentives in public goods games: Implications for the environment [J]. Recent Advances in Environmental Economics, 2002, 7 (2): 37 -38.

[31] Goetz R. U., Martínez Y. Nonpoint source pollution and two - part instru-

ments [J]. Environmental Economics and Policy Studies, 2013, 15 (3): 237 –258.

[32] Green E. J. , R. H. Porter. Noncooperative Collusion Under Imperfect Price Information [J]. Econometrica, 1984 (52): 87 –100.

[33] Griffin R. C. , Bromley D. W. Agricultural runoff as a non – point externality: A Theoretical development [J]. American Journal of Agricultural Economics, 1982, 64 (3): 547 –552.

[34] Groves T. , Ledyard J. Optimal allocation of public goods: A solution to the "free rider" porblem [J]. Econometirca, 1977 (45): 783 –809.

[35] Hansen L. G. , Romstad E. Non – point source regulation: A self – reporting mechanism [J]. Ecological Economics, 2007, 62 (3 –4): 529 –537.

[36] Hansen L. G. A Damage Based Tax Mechanism for Regulation of Non – Point Emissions [J]. Environmental and Resource Economics, 1998, 12 (1): 99 –112.

[37] Harford J. D. Firm behavior under imperfectly enforceable pollution standards and taxes [J]. Journal of Environmental Economics and Management, 1978, 5 (1): 26 –43.

[38] Harrison G. W. , List J. A. Field experiments [J]. Journal of Economic Literature, 2004, 42 (4): 1013 –1059.

[39] Heiderscheidt E. , Leiviskä T. , Kløve B. Chemical treatment response to variations in non – point pollution water quality: Results of a factorial design experiment [J]. Journal of Environmental Management, 2015, 150 (1): 164 –172.

[40] Helfand G. E. , House B. W. Regulating nonpoint source pollution under heterogeneous conditions [J]. American Journal of Agricultural Economics, 1995, 77 (4): 1024 –1032.

[41] Herriges J. , Govindasamy R. , Shogren, J. Budget – balancing incentive mechanisms [J]. Journal of Environmental Economics and Management, 1994 (27): 275 –285.

[42] Holmström B. , Milgrom P. Regulating Trade Among Agents [J]. Journal of

Institutional and Theoretical Economics, 1990 (146): 85 – 105.

[43] Holmström B. Moral hazard in teams [J]. The Bell Journal of Economics, 1982, 13 (2): 324 – 340.

[44] Horan R. D., Shortle J. S. Endogenous risk and point – nonpoint uncertainty trading ratios [J]. American Journal of Agricultural Economics, 2017, 99 (2): 427 – 446.

[45] Horan R. D. Ambient taxes under m – dimensional choice sets, heterogeneous expectations and risk – aversion [J]. Environmental and Resource Economics, 2002 (21): 189 – 202.

[46] Horan R. et al.. Ambient Taxes When Polluters Have Multiple Choices [J]. Journal of Environmental Economics and Management, 1998, 36 (2): 186 – 199.

[47] Huang S. Y., Liang C. J. A conceptual study on the formulation of a permeable reactive pavement with activated carbon additives for controlling the fate of non – point source environmental organic contaminants [J]. Chemosphere, 2018, 193 (1): 438 – 446.

[48] Kagel J. H., Roth A. E. The handbook of experimental economics [M]. Beijing: Renmin University Press, 2016.

[49] Kandel E., Lazear E. P. Peer Pressure and Partnerships [J]. Journal of Political Economy, 1992, 100 (8): 801 – 817.

[50] Kaplowitz M. D., Lupi F. Stakeholder preferences for best management practices for non – point source pollution and stormwater control [J]. Landscape and Urban Planning, 2012, 3 – 4 (15): 364 – 372.

[51] Karp L. Nonpoint Source Pollution Taxes and Excessive Tax Burden [J]. Environmental and Resource Economics. 2005, 31 (2): 229 – 251.

[52] Kneese A. V. The Application of Economic Analysis to the Management of Water Quality: Some Case Studies [M]. UK: Palgrave Macmillan, 1974.

[53] Kritikos A. S. Environmental policy under imperfect information: Comment

[J]. Journal of Environmental Economics and Management, 1993, 25 (1): 89-92.

[54] Laffont J. Regulation of Pollution with Asymmetric Information [C]//Cesare Dosi, T. Tomasi. Nonpoint Source Pollution Regulation: Isssues and Analysis. Dordrecht: Kluwer Academic Publishers, 1994: 39-66.

[55] Lewis T. Protecting the Environment when Costs and Benefits are Privately Known [J]. RAND Journal of Economics, 1996, 27 (4): 819-847.

[56] Marian S., Tsiulyanu D., Marian T., Liess H. D. Chalcogenide - based chemical sensors for atmospheric pollution control [J]. Pure and Applied Chemistry, 2009, 73 (12): 2001-2004.

[57] McAfee R. P., McMillan J. Optimal Contracts for Teams [J]. International Economic Review, 1991, 32 (8): 561-577.

[58] Meran G., U. Schwalbe. Pollution Control and Collective Penalties [J]. Journal of Institutional and Theoretical Economics, 1987, 143 (11): 616-629.

[59] Miceli T. J., Segerson K. Joint liability in torts: Marginal and infra - marginal Efficiency [J]. International Review of Law and Economics, 1991, 11 (3): 235-249.

[60] Miceli T. J., Segerson K. Punishing the innocent along with the guilty: The economics of individual versus group punishment [J]. The Journal of Legal Studies, 2007, 36 (1): 81-106.

[61] Millock K., Salanie F. Nonpoint source pollution when polluters might cooperate [J]. Topics in Economic Analysis & Policy, 2005, 5 (1): 1233.

[62] Min J., Shi W. M. Nitrogen discharge pathways in vegetable production as non - point sources of pollution and measures to control it [J]. Science of The Total Environment, 2018, 613-614 (1): 123-130.

[63] Mirrlees J. A. The Theory of Moral Hazard and Unobservable Behaviour: Part 1 [M]. Mimeo, 1974. Republished in the Review of Economic Studies, 1999 (66): 3-21.

[64] Nalbantian H. R., Schotter A. Productivity under group incentives: An experimental study [J]. American Economic Review, 1997 (87): 314 –341.

[65] Novotny V., Olem H. Water quality: Prevention, Identification and management of diffuse pollution [M]. New York: Van Nostrand Reinhold, 1994.

[66] Ostrom E. A behavioral approach to the rational choice theory of collective action: Presidential address [J]. American Science Association, 1997. American Political Science Review, 1998 (92): 1 –22.

[67] Ostrom E. Governing the Commons: The Evolution of Institutions for Collective Action [M]. UK: Cambridge University Press, 1990.

[68] Plott C. R. Externalities and corrective policies in experimental markets [J]. Economic Journal, 1983 (93): 106 –127.

[69] Poe G. L. Exploring the performance of ambient – based policy instruments when nonpoint source polluters can cooperate [J]. American Journal of Agricultural Economics, 2004, 86 (5): 1203 –1210.

[70] Rabotyagov S. S., Valcu A. M., Kling C. L. Reversing Property Rights: Practice – Based Approaches for Controlling Agricultural Nonpoint – source Water Pollution When Emissions Aggregate Nonlinearly [J]. American Journal of Agricultural Economics, 2012, 96 (2): 397 –419.

[71] Rasmusen E. Moral hazard in risk – averse teams [J]. The RAND Journal of Economics, 1987, 18 (3): 428 –435.

[72] Reichhuber A., Camacho E., Requate T. A. Framed field experiment on collective enforcement mechanisms with Ethiopian farmers [J]. Environment and Development Economics, 2009, 14 (5): 641 –663.

[73] Revenga C., Mock G. Freshwater biodiversity in crisis [C]. Earth Trends World Resources Institute: 1 –4. Revenga, Carmen, Greg Mock. "Freshwater Biodiversity in Crisis." Earth Trends. Oct. 2000. 25 Oct. 2008.

[74] Robert S N. Experience with market – based environmental policy instru-

ments [A]//Mäler K. G., Vincent J. R. Handbook of Environmental Economics [C]. Elsevier, 2003.

[75] Romstad E. Team Approaches in Reducing Nonpoint Source Pollution [J]. Ecological Economics, 2003, 47 (1): 71 – 78.

[76] Rong Q. Q., et al. Field management of a drinking water reservoir basin based on the investigation of multiple agricultural nonpoint source pollution indicators in north China [J]. Ecological Indicators, 2018, 92 (12): 113 – 123.

[77] Schmutzler A. Pollution control with imperfectly observable emissions [J]. Environmental and Resource Economics. 1996, 7 (3): 251 – 262.

[78] Segerson K., Wu J. J. Nonpoint pollution control: Inducing first – best outcomes through the use of threats [J]. Journal of Environmental Economics and Management, 2006 (51): 165 – 184.

[79] Segerson K. Flexible incentives: A unifying framework for policy analysis [C]//Casey F., et al. In Flexible Incentives for the Adoption of Environmental Technologies in Agriculture, MA: Kluwer, 1999.

[80] Segerson K. Uncertainty and Incentives for Nonpoint Pollution Control [J]. Journal of Environmental Economics and Management, 1988, 15 (3): 87 – 98.

[81] Shortle J. S., Abler D. G., Horan R. D. Research issues in nonpoint pollution control [J]. Environmental & Resource Economics, 1998, 11 (3 – 4): 571 – 585.

[82] Shortle J. S., Horan R. D. Policy instruments for water quality protection [J]. Annual Review of Resource Economics, 2013, 5 (1): 111 – 138.

[83] Shortle J. S., Horan R. D. The economics and nonpoint pollution control [J]. Journal of Economic Surveys, 2001 (15): 255 – 289.

[84] Smith V. L., et al. Competitive market institutions: Double auctions vs. Sealed bid – offer auctions [J]. American Economic Review, 1982 (72): 58 – 77.

[85] Smith V. L. Experiments with a decentralized mechanism for public good de-

cisions [J]. American Economic Review, 1980 (70): 584 – 599.

[86] Spagnolo G. Social Relations and Cooperation in Organizations [J]. Journal of Economic Behavior and Organization, 1999, 38 (1): 1 – 25.

[87] Spraggon J. Exogenous targeting instruments as a solution to group moral hazards [J]. Journal of Public Economics, 2002, 84 (3): 427 – 456.

[88] Spraggon J. Individual decision making in exogenous targeting instrument experiments [Z]. Mcmaster Experimental Economics Laboratory Publications, Working Paper, 2002.

[89] Suter J. F., Vosseler C. A., Poe G. L. Ambient – based pollution mechanisms: A comparison of homogeneous and heterogeneous groups of emitters [J]. Ecological Economics, 2009, 68 (6): 1883 – 1892.

[90] Varian H. R. Monitoring Agents with Other Agents [J]. Journal of Institutional and Theoretical Economics, 1990 (146): 153 – 174.

[91] Vosseler C. A., et al. Communication and incentive mechanisms based on group performance: An experimental study of nonpoint pollution control [J]. Economic Inquiry, 2006, 44 (4): 599 – 613.

[92] Wardropper C. B., Gillo S., Rissman A. R. Uncertain monitoring and modeling in a watershed nonpoint pollution program [J]. Land Use Policy, 2017 (67): 690 – 701.

[93] Weersink A., et al. Economic instruments and environmental policy in agriculture [J]. Canadian Public Policy, 1998 (24): 309 – 327.

[94] Wesström I., Joel A., Messing I. Controlled drainage and subirrigation—A water management option to reduce non – point source pollution from agricultural land [J]. Agriculture, Ecosystems & Environment, 2014, 198 (15): 74 – 82.

[95] Wu J. J., Babcock B. A. Contract Design for the Purchase of Environmental Goods from Agriculture [J]. American Journal of Agricultural Economics, 1996, 78 (4): 935 – 945.

［96］ Wu J. J.， Babcock B. A. The relative efficiency of voluntary vs. mandatory environmental regulations［J］. Journal of Environmental Economics and Management, 1999，38（2）：158－175.

［97］ Xepapadeas A. P.， De Zeeuw A. Environmental policy and competitiveness：The Porter hypothesis and the composition of capital［J］. Journal of Environmental Economics and Management，1999，37（2）：165－182.

［98］ Xepapadeas A. P. Environmental policy design and dynamic nonpoint－source pollution［J］. Journal of Environmental Economics and Management，1992a，23（1）：22－39.

［99］ Xepapadeas A. P. Environmental policy under imperfect information：Incentives and moral hazard［J］. Journal of Environmental Economics and Management，1991，20（3）：113－126.

［100］ Xepapadeas A. P. Environmental policy，adjustment costs and behavior of the firm［J］. Journal of Environmental Economics and Management，1992b，23（3）：258－275.

［101］ Xepapadeas A. P. Observability and choice of instrument mix in the control of externalities［J］. Journal of Public Economics，1995，56（3）：485－498.

［102］ 陈锡文．环境问题与中国农村发展［J］. 管理世界，2002，（1）：5－8.

［103］ 黄彬彬，王先甲，胡振鹏，等．农业面源污染管理中补偿机制设计［J］. 同济大学学报（自然科学版），2012，（1）：154－158.

［104］ 金书秦，沈贵银，魏珣，韩允垒．论农业面源污染的产生和应对［J］. 农业经济问题，2013（11）：97－102.

［105］ 金书秦，沈贵银．中国农业面源污染的困境摆脱与绿色转型［J］. 改革，2013（5）：79－87.

［106］ 金书秦．农业面源污染特征及其治理［J］. 改革，2017（11）：53－56.

［107］ 李虹，熊振兴．生态占用、绿色发展与环境税改革［J］. 经济研究，2017，52（7）：124－138.

[108] 李正升. 不确定性条件下的环境经济政策选择：以农业面源污染控制为例[J]. 北方经济，2011b（11）：73－74.

[109] 李正升. 农业面源污染控制的一体化环境经济政策体系研究[J]. 生态经济（学术版），2011a（2）：254－256.

[110] 梁流涛，曲福田，冯淑怡. 经济发展与农业面源污染：分解模型与实证研究[J]. 长江流域资源与环境，2013（10）：1369－1374.

[111] 刘建徽，周志波，刘晔. “双重红利”视阈下中国环境税体系构建研究——基于国际比较分析[J]. 宏观经济研究，2015（2）：68－77.

[112] 刘聚涛，钟家有，付敏，吴涛. 鄱阳湖流域农村生活区面源污染特征及其影响[J]. 长江流域资源与环境，2014（7）：1012－1018.

[113] 刘晔，周志波. 不完全竞争市场结构下环境税效应研究述评[J]. 中国人口·资源与环境，2015，25（2）：121－128.

[114] 刘晔，周志波. 完全信息条件下寡占产品市场中的环境税效应研究[J]. 中国工业经济，2011（8）：5－14.

[115] 尚杰，李新，邓雁云. 基于EKC的农业经济增长与农业面源污染的关系分析——以黑龙江省为例[J]. 生态经济，2017，33（6）：157－160，166.

[116] 司言武. 农业非点源水污染税收政策研究[J]. 中央财经大学学报，2010（9）：6－9.

[117] 王慧. 环境税的“双重红利”真的可能吗[J]. 当代财经，2011（4）：46－54.

[118] 吴义根，冯开文，李谷成. 人口增长、结构调整与农业面源污染——基于空间面板STIRPAT模型的实证研究[J]. 农业技术经济，2017（3）：75－87.

[119] 杨丽霞. 农村面源污染治理中政府监管与农户环保行为的博弈分析[J]. 生态经济，2014（5）：127－130.

[120] 张巨勇. 环境税在农业面源污染控制中的应用[A]//农业部科技教育司，江苏省农林厅，苏州市人民政府. 全国农业面源污染综合防治高层论坛论文集[C]. 农业部科技教育司，江苏省农林厅，苏州市人民政府，2008（5）：219－

223.

［121］张平淡，袁赛．决胜全面小康视野的农民收入结构与农业面源污染治理[J].改革，2017（9）：98－107.

［122］张维理，武淑霞，冀宏杰，等．中国农业面源污染形势估计及控制对策Ⅰ.21世纪初期中国农业面源污染的形势估计[J].中国农业科学，2004，37（7）：1008－1017.

［123］张友国，郑玉歆．中国排污收费征收标准改革的一般均衡分析[J].数量经济技术经济研究，2005（5）：3－16.

［124］周志波，张卫国，刘晔．小型开放经济中环境税改革的效应研究[J].重庆大学学报（社会科学版），2016，22（5）：53－64.

［125］周志波，张卫国．环境税规制农业面源污染研究[J].西南大学学报（自然科学版），2019，41（2）：75－89.

［126］周志波，张卫国．环境税规制农业面源污染研究综述[J].重庆大学学报（社会科学版），2017，23（4）：37－45.

［127］周志波，张卫国．农业面源污染环境税规制机制研究进展[J].西南大学学报（社会科学版），2018，44（3）：43－51.

第五章　环境税政治经济学理论前沿

——基于政治可行性的研究

【内容提要】在已有的研究环境税政治经济学问题的文献中，主要分析环境税政治可行性的影响因素，以及这些因素如何影响环境税的政治可行性。这些文献在环境税研究的发展中具有重要的作用，不仅提供了一种全新的分析框架，还为提高环境税的政治可行性、最大限度发挥其环境政策效应奠定了良好的理论基础。本章将梳理环境税政治可行性影响因素的文献，重点从政权结构和政治博弈、制度效率和效应预期、改革模式和实施方式三个方面进行归纳。

【关键词】环境税；政治可行性；政治经济学；文献综述

缓解和应对气候问题的环境政策，特别是环境税，面临经济效率约束（economic efficiency constraint）和政治经济约束（political economy constraints），前者规定缓解与气候相关的外部性的社会成本不超过社会效益，后者则规定缓解气候问题等负外部性的相关私人成本不超过政策制定过程中的各种政治经济约束（Jenkins，2014）[①]，这实际上就是影响环境税改革政治可行性的因素，属于环境税政治经济学研究的范畴。在较长的一段时期内，有关环境税的政治经济学研究

① 这种政治经济约束有很多形式，包括对具有高资产专用性的工业部门的福利损失的限制、对汽油和天然气等要素价格上涨进而影响家庭支出的限制以及对税制改革导致的家庭成本净增加的限制等。

主要集中在解释为什么环境税优先于其他的环境政策调控手段（Buchanan and Tullock，1975；Dijkstra，1998；Aidt and Dutta，2004），它们如何以及为什么偏离了 Pigou（1920）的理想（Pearson，1995；Fredriksson，1997；Fredriksson，2008），或者有什么空子可以钻（Polk，2005），此后相关研究逐渐聚焦环境税改革的政治可行性问题。已有的文献发现，环境税的政治可行性，特别是社会可接受性，主要受到国家政治权力结构和政治博弈、环境税改革模式和实施方式、制度效率和效应预期、环保意识和公众认知等因素的影响①（Oates and Portney，2003；Aidt and Dutta，2004；Ercolano，Gaeta and Romano，2014；Davis，2017）。本章从政治经济学的视角，对环境税政治可行性影响因素的研究做一梳理归纳，并就已有文献做出评述，对未来研究做出预测。

一、政权结构和政治博弈对环境税政治可行性的影响

环境政策工具的选择被看作一个理性的政治决策过程的结果，受到党派政治、意识形态、组织结构、部门利益、决策程序等政权结构方面因素的影响，在这个过程中，选民、政治家、特殊利益集团和官僚的利益得到权衡和缓和（Aidt，2015）。Cremer，Donder 和 Gahvari（2008）根据 Roemer（2001）的政治竞争理论提出了一个符合美国低排放税率的政治经济模型，分析了民主党与共和党合作维持低税率以提高环境税（排放税）政治可行性的现象②。他们使用美国数据校准模型并计算政党一致纳什均衡（party unanimous Nash equilibrium），结

① 但是，国家政权结构和政治博弈、改革方式和实施方式、制度效率和效应预期、环保意识和公众认知等因素，都是从比较宏观的层面进行的概括，具体是什么因素影响环境税的政治可行性以及通过什么机制或渠道影响、影响的力度有多大，这一系列的问题，学术界尚无十分明确的结论。

② 在模型中，选民投票决定环境税税率和预算规则，规定如何重新分配税收收入，他们的投票决策因工资和资本收入不同而有所区别；而政党关心他们提出的政策以及选举获胜的可能性，最终实现政党一致纳什均衡（PUNE）。

果出现两种均衡状态：一种均衡反映两党激进分子的偏好，两党均提出非常高的税率，民主党人通常打败共和党人，从而达到均衡；另一种均衡更受那些最关心赢得选举的机会主义者支配，他们既提供环境税补贴，又都有机会赢得选举。但在政治决策实践中，两党的利益冲突得到调和，一致支持不提高环境税税率，并提高了环境税的公众接受度。Ashworth，Geys 和 Heyndels（2014）就西方国家的多党政治对环境税改革的影响提出了批评。他们认为，环境税改革要求实施一种新的税收，具有潜在的成本，各个政治派别都要做出权衡①；研究发现，政府内部的分裂程度越大，新开征环境税的可能性就越低。

关于政权结构和政治博弈影响环境税改革政治可行性问题，Brett 和 Keen（2000），Clinch，Dunnea 和 Dresner（2006），Davis（2017）等的研究比较有代表性。Brett 和 Keen（2000）认为，环境税的政治可行性主要受政治的不确定性影响，这种不确定性包括在政府中不同政党的政治力量对比、各政党对绿色税制改革（green tax reform）的倾向、不同的执政理念等。他们的研究强调了不同政党在国家政权组织中的力量对比对于环境税改革政治可行性的影响，并且发现在实践中往往是少数党派对于绿色税收具有明显的倾向，并且少数党派的积极推动会促成环境税的实际税率虽然低于庇古税率但却高于通常的政治程序确定的税率。Clinch，Dunnea 和 Dresner（2006）认为，环境税改革在政治可行性方面主要受几个因素的影响：一是政党和议会权力结构。一国议会的组成以及各政党的相对实力将对环境税的政治可行性造成很大的影响，在联合执政的国家，实力较小的“绿党”（green parties）可能发挥更大的影响力，从而加速环境税改革的推进。二是部门利益博弈。环境绩效的责任往往与环境部门有关，税收政策通常由财政部门负责，两者在环境税政策问题上往往意见相左②，降低了环境税改革的政治可行性。三是基于经济环境考量的政治妥协。宏观经济条件可能会影响环境

① 他们基于 1991～1999 年佛兰德地区 308 个城市实施新环境税的分析发现，在大选期间实施环境税改革的可能性较平时小得多，但如果在地理位置或意识形态上比较接近的国家已经开征环境税，那么这种可能性就会明显提升。

② 财政部门一般不愿意接受环境税改革的质押原则（priciple of hypothecation）。

税的政治可行性[①]，与宏观经济状况密切相关的是关于环境税影响竞争力的担忧，能源密集型公司通常是受环境税冲击最严重的企业，但这些企业往往又是国民经济的命脉，在政府部门中发出最为响亮的声音，对政府决策具有重要的影响[②]。四是配套调节制度。如果在实施环境税改革的同时，制定一些配套制度保护低收入群体等弱势阶层，将有助于提升环境税的政治可行性[③]。Jenkins（2014）指出，环境税等应对气候问题的政策，可能由于资产密集型行业的激烈反对引发各政治集团的博弈，而遭受政治经济学上的考验。Davis（2017）研究发现，环境政策决策还受到选民党派倾向、意识形态等政治因素的影响，如果各党派的差异过大，可能会导致环境税改革决策程序低效、周期变长，并在制度设计上出现公众或选民接受度较低的问题。

实际上，从是否对决策有利的角度，可以将政权结构因素分为政治妥协类因素和利益冲突类因素。大量研究表明，政治妥协在很大程度上会提高环境税的政治可行性，而利益集团之间的冲突则会降低这种政治可行性（Clinch，Dunnea and Dresner，2006）。Aidt（2015）也指出，很多文献强调组织良好的特殊利益集团（通常为受环境税影响较大的大型企业或财团）在环境税的实施中起着支配作用，但不同政治集团之间以及政治集团与利益集团之间的政治妥协会提升环境税的政治可行性[④]。Deroubaixa 和 Lévèque（2006）分析了法国生态税改革从实施到取消的全过程[⑤]，并研究了其背后的政治经济学原理。通过从焦点小组（fo-

① 如果世界经济进入衰退期，国内失业率上升，刺激就业的政策可能会变得更有吸引力，特别是当实际收入下降的时期，环境税的政治可行性就面临很大的挑战。

② 因而，通常的结果是，环境税改革在初期对这些企业实施豁免或减免政策，但实践证明这种政治妥协有助于提升环境税的政治可行性。

③ 环境税改革需要建立一个比较全面的配套制度体系来保护弱势群体因环境税潜在的累退效应而利益受损。处于贫困线的群体对燃料定价十分敏感，而这些人可能本身也不属于缴税的群体，因而不会因环境税收入用于劳动税收减税而受益。

④ 这暗示了对环境税等环境激励政策强烈的政治偏见，但发达国家正在实施的环境税改革给这一观念提出了挑战，因为这些国家正在通过更加雄心勃勃的环境目标、增加公共资金的边际成本以及更加强调通过收入返还和免费分配可交易许可证来换取环境税的政治可接受性。

⑤ 环境税改革本该成为法国左翼联合政府最主要的政治决策和成功，但当法国宪法法院于 2000 年 12 月决定停止实施环境税之后，这一决策成为其最大的败笔。

cus group）收集的意见及对企业人士和决策者的访谈，发现法国环境税改革最终被宪法法院判决违反宪法、遭遇政治上的失败，其主要原因有两个方面：一是决策者缺乏关于公众和企业意见的关键信息，关于环境税改革的一些关键争议没有得到足够的重视，在决策程序上没有做出提高环境税政治可行性的努力，并且未能及时地解决相关利益集团的矛盾；二是政府相关行政部门之间存在冲突，缺乏必要的政治妥协，特别是财政部门和环境部门在环境税的税基问题上存在很大的争议。Hysing（2015）研究了瑞典哥德堡市引入拥挤税（环境税的一种形式）的政治决策过程，重点分析了政府提高拥挤税合法性的策略。他们发现，尽管政府认为拥挤税是改善城市环境和健康问题的有效政策措施，但事实证明拥挤税很难获得公众的接受。哥德堡市的拥挤税主要通过市议会的广泛支持而实现合法化，而市议会为了确保其合法化，将拥挤税与交通基础设施投资结合起来，但在整个过程中没有让公众直接参与政策决策程序（包括公众听证、咨询、投票等）①。

此外，一些研究者还分析了环境税提高其他税收制度改革政治可行性的作用和机制。例如，Giménez 和 Rodrîguez（2010）就发现，如果考虑到同时进行的“次优税制”（sub－optimal taxation system）的改革，环境税可能在减轻现有税制扭曲问题面临的政治约束方面发挥重要作用，这个优势已经被一些早期的重要学者所认可，如 Bovenberg 和 Goulder（2002），他们断言“环境税是润滑油，它使得税制改革成为可能，以消除特别糟糕的税收”。

二、制度效率和效应预期对环境税政治可行性的影响

在实施环境税改革之前，决策者应当而且必须回答一个十分关键的问题，即这项税收制度与排放或技术标准等其他环境政策相比，在效率上是否具有优势

① 随着时间的推移，该决定可能得到公众的接受，但所采用的程序也可能证明不利于拥挤税的未来，并破坏对民主机构的信任。

(Helming, 1997; Kleinhanss et al., 1997; Söderholm and Christiernsson, 2008), 对经济社会的各个方面各个领域具有怎样的预期效应，这一问题对环境税改革的政治可行性有重要影响。环境税的制度效率，其核心问题是制度的收益成本问题(Böcher, 2012)，如果环境税改革的收益高于其成本，那么环境税就具有制度效率。在环境经济学领域，关于税收政策独立于支出政策一般具有效率的论证非常重要，环境税的开征会带来社会净收益或社会净成本（环境维度的收益除外），也一直是理论界关注的热点问题（Ashworth, Geys and Heyndels, 2006)。当然，环境税的制度效率有多个维度，一般关注以下几个方面：第一，环境税改革是否有利于降低其他税种的扭曲效应（distortion effects)，从而提高整个税制的效率。第二，环境税改革是否有利于促进污染减排，从而改善环境质量，实现政府的环境政策目标。第三，环境税是否能够提高经济运行效率，或者促进经济增长，促进资源配置的帕累托改进。此外，环境税改革的政治可行性，还受到政策效应预期的影响。第四，环境税是否有益于解决一些社会问题，如刺激就业、促进公平等。实际上，环境税制度效率的诸多维度，都指向了理论界的一个核心概念——“双重红利”效应（也称“双重红利”假说）。

所谓“双重红利”效应，是指环境税除了可以促进控污减排、获得环境维度的红利效应之外，还能获得促进经济效率提升、收入分配公平的红利效应(Bovenberg and Ploeg, 1998)。一方面，环境税通过激励减排改善环境（Hourcade, 1996; Sælen and Kallbekken, 2011)，获得了“第一重红利”(也称绿色红利或环境红利)；另一方面，环境税通过扭曲性税种结构性减税，利用价格传导机制，促进经济增长、增加社会就业等（Galarraga, Abadie 和 Ansuategi, 2013; 周志波和张卫国，2018)，获得了“第二重红利”（也称蓝色红利或非环境红利)。换言之，环境税如果能够改善环境，就获得了环境红利；如果能够提升经济效率或促进社会公平，就获得了非环境红利；如果环境红利和非环境红利同时存在，就称环境税获得了“双重红利”效应（Pearce, 1991; Dresner et al., 2006; 刘晔、周志波，2015)。Goulder（1995a）界定了两种类型的“双重红利”：①强式双重红利，即当环境税改革利用环境税收入为更为扭曲的税种减税筹资，不仅可以改善环境质量，还可以在总体上改善社会福利水平，因而环境税改革的总体成本很低甚至为零；②弱式双重红利，即与一次性转移支付相比，环境税收入如果用于扭曲性税种的结构性减税，环境税改革的成本会更低，同时环境质量也可以得到改善。已有的文献表明，弱式双重红利效应一般没有太大争议，而强式双重红利效应是否成立并无一致意见，一般认为其结果往往取决于经济的税收结构（Schöb，2005；Ercolano，Gaeta and Romano，2014）。

环境税“双重红利”效应，既是环境税制度效率的重要衡量标准，也涵盖了环境税政策预期效应的主要内容。早期有关“双重红利”的讨论主要基于环境的视角（如 Tullock，1967；Terkla，1984；Lee and Misiolek，1986；Pearce，1991），更多地关注环境税对环境质量的预期效应和对扭曲性税制的制度效率问题；20 世纪 90 年代以后的相关研究主要基于公共财政的视角，在 Sandmo（1975）建立的一般均衡框架内分析最优环境税问题，并将环境税改善环境质量视为理所当然，主要关注其在经济维度的制度效率问题（Ercolano，Gaeta and Romano，2014）。OECD 国家的实践表明，“双重红利”假说成为了 20 世纪 90 年代环境税改革的重要理论基础；如果“双重红利”假说成立，环境税在政治可行性方面将获得极大的提升，即便在环境税改革饱受争议的国家，公众对其接受度会因事实上的“双重红利”效应而得到显著改善。

三、改革模式和实施方式对环境税政治可行性的影响

在欧盟和美洲国家的环境税改革实践中，很多学者观察到一种比较普遍的现象，即环境税的税率与理论上最优的税率差距较大，无法有效补偿外部性成本。导致实际税率与最优税率背离的原因，除了污染减排成本和污染边际损害成本具有不确定性之外（Brett and Keen，2000；Jenkins，2014），最主要的就是社会公

众反对（public opposition）（Gaunt et al.，2007）。所谓公众反对，就是公众（包括企业和个体）反对政府实施环境税改革①。一方面反对环境税增加自身承担的税负，可能是选民反对环境税负担被转嫁到消费环节，也可能是相关利益集团或行业反对环境税直接减少资本回报（Deroubaixa and Lévèque，2006）；另一方面反对环境税沦为政府筹集公共支出的手段，成为政府财政的“提款机”，而弱化了保护环境的政策合法性（Dharshing，Hille and Wüstenhagen，2017）。公众反对的背后，折射出环境税改革本身在制度设计方面的问题，这些问题主要反映在两个层面：一是改革模式的设计问题②，二是改革实施方式的选择问题③。

已有的文献表明，税收绿化可以使环境外部性内生化并增加财政收入，但环境税改革的模式选择对其政治可行性具有重要影响（Cremer，De Donder and Gahvari，2008；Jones，Clark and Malesios，2015）。Cremer，De Donder 和 Gahvari（2004）发现，环境税收入是否返还对其政治可接受性具有明显的影响，提高环境税收入返还率可以提高中间选民（median voter）对环境税的接受度和支持率。Fredriksson 和 Sterner、Sterner 和 Isaksson（2006）发现，环境税改革如果设计了收入返还机制，具有减排技术的企业会提高对高税率环境税的接受度，再次验证了 Cremer，De Donder 和 Gahvari（2004）的结论。Aidt（2010）建立了一个分析框架，将环境外部性内生化和财政收入增加作为特殊利益和选举政治的内生性结果，比较研究了环境税收入用于所得税减免（财政收入中性）、额外公共支出（财政收入增加）和对污染者的税负补偿（财政收入减少）三种模式下的政治可

① 公众反对的核心问题在于，环境税可能损害他们自身的利益，可能成为政府“与民争利”的工具，甚至成为滋生腐败问题的温床，也可能在公共支出方面不能实现其作为环境经济政策的初衷。

② 总体而言，环境税改革的模式有三种，即财政收入增加模式、财政收入中性模式和财政收入减少模式。在财政收入增加模式下，环境税的实施增加了居民和企业的总体税收负担，宏观税负上升；在财政收入中性模式下，实施环境税的同时通过一次总付税返还、扭曲性税种结构性减税等方式，保持财政收入总体稳定；在财政收入减少模式下，实施环境税的同时，通过其他税种的减税或更大力度的收入返还或补贴计划，实现财政收入的总体下降。

③ 总体而言，一项改革或政策的实施，政府可以选择即期实施和远期实施。即期实施的环境税改革，在政府作出决策之后，较短时间内正式施行；远期实施的环境税改革，在政府作出决策之后，先进行“政策预告”，并预留较长的“政策预告”期，让企业和居民形成比较稳定的政策预期后，在规定的未来某一个时间正式实施。

行性，结果表明，污染游说团体（polluting lobbying group）可以游说政府将环境税收入返还给选民而不是其成员，财政收入中性模式的环境税改革更具有政治可行性。其内在的逻辑在于，游说团体为税收绿化所必须付出的代价，可以通过支持一项令选民满意的退税规则得到显著的降低，将环境税收入用于所得税减免返还给广大选民，可以提高环境税改革的社会公众接受度。

一些研究发现，环境税改革的实施方式也是考察其政治可行性的一个重要维度（Barker et al.，2009）。例如，OECD（2012）的报告指出，OECD 国家在推行环境税改革的过程中，公众接受度较高，进展比较顺利，得益于其政策预告制度和渐进的改革方式。丹麦 1988 年就对其 1993 年实施的能源税改革进行了预告，自 1993 ~ 1997 年逐年提高能源税的税率；德国 1999 ~ 2003 年的环境税改革，也采取了“渐进的”实施方式，逐步提高各个税目的税率（黄玉林等，2014）。同时，研究者发现一些国家或地区的环境税改革在正式实施之前，有一个“试运行”阶段，如果在“试运行”阶段运转良好，社会公众接受度比较高，其政治可行性就会相应较高。例如，Cherry，Kallbekken 和 Kroll（2014）就发现，“试运行”的改革实施方式，可以有效避免改革初期的纳税逃避等问题，并提高改革在政治上的可行性和社会的接受度。

此外，行为经济学和实验经济学的研究发现，上下文信息（contextual information）的任意差别会导致在相同决策中的偏好改变（Tversky and Kahneman，1986），违背了 Neumann 和 Morgenstern（1947）提出的“不变性原理”（principle of invariance），这就造成了所谓的框架效应①（framing effects）。Dharshing，Hille

① 所谓框架效应，是指人们对一个客观上相同问题的不同描述，做出了不同甚至相互矛盾的决策判断，最早由 Tversky and Kahneman 于 1981 年提出。相同的客观问题，通过变换框架，将得到可预知的不同结果。需要注意的是，这里的收益和损失完全是以认知参照点为依据的，参照点不一样，人们决策的方式也不一样。一个具体的例子：让人们对下列情景进行决策（被试 N = 150）。情景一：如果一笔生意可以稳赚 800 美元，另一笔生意有 85% 的机会赚 1000 美元，但也有 15% 的可能分文不赚。情景二：如果一笔生意要稳赔 800 美元，另一笔生意有 85% 的可能赔 1000 美元，但相应地也有 15% 的可能不赔钱。结果表明，在第一种情况下，84% 的人选择稳赚 800 美元，表现在对风险的规避，而在第二种情况下 87% 的人则倾向于选择“有 85% 的可能赔 1000 美元，但相应地也有 15% 的可能不赔钱”的那笔生意，表现为对风险的追求。

和 Wüstenhagen（2017）的研究就证实，环境税的政治可行性还受到改革方案的框架效应影响，即对同一种改革方案的不同描述，会导致改革在政治可行性方面的不同结果，比较积极、正面的方案描述，获得的支持率明显高于比较消极、负面的方案描述。这种框架效应的强度在很大程度上取决于政治取向（Chong and Druckman，2012；Faricy and Ellis，2014），这与有关个体差异的文献研究结果一致（如 Smith and Levin，1996；Le Boeuf and Shafir，2003）。环境税的政治可行性受到“框架效应”的影响，实际上说明，决策者对于政策或制度设计的描述方式非常重要，完全相同的一种政策方案，从不同的角度进行阐述，可能获得截然不同的结果，这实际上已经超越了制度设计的“技术层面”，属于公共决策的“艺术层面”。

本章参考文献：

[1] Alessandro Rigolon，Matthew Browning，Viniece Jennings. Inequities in the quality of urban park systems：An environmental justice investigation of cities in the United States [J]. Landscape and Urban Planning，2018（178）：156 – 169.

[2] Alice Colsaet，Yann Laurans，Harold Levrel. What drives land take and urban land expansion? A systematic review [J]. Land Use Policy，2018（79）：339 – 349.

[3] Brian Czech. The neoclassical production function as a relic of anti – George politics：Implications for ecological economics [J]. Ecological Economics，2009，68（8 – 9）：2193 – 2197.

[4] Carlos De Miguel，Baltasar Manzano. Gradual green tax reforms [J]. Energy Economics，2011，33（1）：S50 – S58.

[5] Carlos De Miguel，María Montero，Claustre Bajona. Intergenerational effects of a green tax reform for a more sustainable social security system [J]. Energy Economics，2015，52（1）：117 – 129.

[6] Charles Davis. Fracking and environmental protection: An analysis of U. S. state policies [J]. The Extractive Industries and Society, 2017, 4 (1): 63 –68.

[7] Christiane Beuermann, Tilman Santarius. Ecological tax reform in Germany: Handling two hot potatoes at the same time [J]. Energy Policy, 2006, 34 (8): 917 – 929.

[8] Craig Brett, Michael Keen. Political uncertainty and the earmarking of environmental taxes [J]. Journal of Public Economics, 2000, 75 (3): 315 –340.

[9] Cui Zhang. Political connections and corporate environmental responsibility: Adopting or escaping? [J]. Energy Economics, 2017 (68): 539 –547.

[10] Edouard Pérard. Water supply: Public or private?: An approach based on cost of funds, transaction costs, efficiency and political costs [J]. Policy and Society, 2009, 27 (3): 193 –219.

[11] Eduardo L. Giménez, Miguel Rodríguez. Reevaluating the first and the second dividends of environmental tax reforms [J]. Energy Policy, 2010, 38 (11): 6654 –6661.

[12] Emma Aisbett, Carol McAusland. Firm characteristics and influence on government rule – making: Theory and evidence [J]. European Journal of Political Economy, 2013 (29): 214 –235.

[13] Erik Hysing. Citizen participation or representative government – Building legitimacy for the Gothenburg congestion tax [J]. Transport Policy, 2015 (39): 1 –8.

[14] Gabriela Cornelia Piciu, Carmen Lenuţa Trică. Trends in the Evolution of Environmental Taxes [J]. Procedia Economics and Finance, 2012 (3): 716 –721.

[15] Goulder L. , Environmental taxation and the double dividend: A reader's guide [J] . International Tax and Public Finance, 1995 (2): 157 –184.

[16] Helmuth Cremer, Philippe De Donder, Firouz Gahvari. Political competition within and between parties: An application to environmental policy [J]. Journal of Public Economics, 2008, 92 (3 –4): 532 –547.

[17] Håkon Sælen, Steffen Kallbekken. A choice experiment on fuel taxation and earmarking in Norway [J]. Ecological Economics, 2011, 70 (11): 2181 –2190.

[18] Ibon Galarraga, Luis M. Abadie, Alberto Ansuategi. Efficiency, effectiveness and implementation feasibility of energy efficiency rebates: The "Renove" plan in Spain [J]. Energy Economics, 2013, 40 (1): S98 – S107.

[19] Jacob Klok, Anders Larsen, Anja Dahl, Kirsten Hansen. Ecological Tax Reform in Denmark: History and social acceptability [J]. Energy Policy, 2006, 34 (8): 905 –916.

[20] Jesse D. Jenkins. Political economy constraints on carbon pricing policies: What are the implications for economic efficiency, environmental efficacy and climate policy design? [J]. Energy Policy, 2014 (69): 467 –477.

[21] Joan Canton. Redealing the cards: How an eco – industry modifies the political economy of environmental taxes [J]. Resource and Energy Economics, 2008, 30 (3): 295 –315.

[22] John Ashworth, Benny Geys, Bruno Heyndels. Determinants of tax innovation: The case of environmental taxes in Flemish municipalities [J]. European Journal of Political Economy, 2006, 22 (1): 223 –247.

[23] José – Frédéric Deroubaix, François Lévèque. The rise and fall of French Ecological Tax Reform: Social acceptability versus political feasibility in the energy tax implementation process [J]. Energy Policy, 2006, 34 (8): 940 –949.

[24] J. Peter Clinch, Louise Dunne, Simon Dresner. Environmental and wider implications of political impediments to environmental tax reform [J]. Energy Policy, 2006, 34 (8): 960 –970.

[25] J. Peter Clinch, Louise Dunne. Environmental tax reform: An assessment of social responses in Ireland [J]. Energy Policy, 2006, 34 (8): 950 –959.

[26] Kallbekken S., Kroll S., Cherry T. L. Pigouvian tax aversion and inequity aversion in the lab [J]. Econ Bull, 2010 (30): 1914 –1921.

[27] Kallbekken S. , Sælen H. Public acceptance for environmental taxes: Self - interest, environmental and distributional concerns [J]. Energy Policy, 2011, 39 (5): 2966 - 2973.

[28] Kevin Siqueira. International externalities, strategic interaction and domestic politics [J]. Journal of Environmental Economics and Management, 2003, 45 (3): 674 - 691.

[29] Kluger B. D. , Wyatt S. B. Are judgment errors reflected in market prices and allocations? Experimental evidence based on the Monty hall problem [J]. Finance, 2004, 59 (3): 969 - 998.

[30] Kuishuang Feng, Klaus Hubacek, Yu Liu, Estefanía Marchán, Adrien Vogt - Schilb. Managing the distributional effects of energy taxes and subsidy removal in Latin America and the Caribbean [J]. Applied Energy, 2018 (225): 424 - 436.

[31] K. E Falconer. Managing diffuse environmental contamination from agricultural pesticides: An economic perspective on issues and policy options, with particular reference to Europe [J]. Agriculture, Ecosystems & Environment, 1998, 69 (1): 37 - 54.

[32] Louise Dunne, Frank J. Convery, Louise Gallagher. An investigation into waste charges in Ireland, with emphasis on public acceptability [J]. Waste Management, 2008, 28 (12): 2826 - 2834.

[33] Maximilian Engelken, Benedikt Römer, Marcus Drescher, Isabell Welpe. Transforming the energy system: Why municipalities strive for energy self - sufficiency [J]. Energy Policy, 2016 (98): 365 - 377.

[34] Michael Böcher. A theoretical framework for explaining the choice of instruments in environmental policy [J]. Forest Policy and Economics, 2012 (16): 14 - 22.

[35] Nicholas Bailey. Exploring the relationship between institutional factors and FDI attractiveness: A meta - analytic review [J]. International Business Review,

2018，27（1）：139－148.

［36］ Nikoleta Jones，Julian R. A. Clark，Chrisovaladis Malesios. Social capital and willingness－to－pay for coastal defences in south－east England［J］. Ecological Economics，2015（119）：74－82.

［37］ Patrick Rigot－Müller. Analysing the heavy goods vehicle "écotaxe" in France：Why did a promising idea fail in implementation?［J］. Transportation Research Part A：Policy and Practice，2018（118）：147－173.

［38］ Patrik Söderholm，Anna Christiernsson. Policy effectiveness and acceptance in the taxation of environmentally damaging chemical compounds［J］. Environmental Science & Policy，2008，11（3）：240－252.

［39］ Paul Ekins，Hector Pollitt，Jennifer Barton，Daniel Blobel. The implications for households of environmental tax reform（ETR）in Europe［J］. Ecological Economics，2011，70（12）：2472－2485.

［40］ Per G. Fredriksson，Daniel L. Millimet. Comparative politics and environmental taxation［J］. Journal of Environmental Economics and Management，2004，48（1）：705－722.

［41］ Per G. Fredriksson，Thomas Sterner. The political economy of refunded emissions payment programs［J］. Economics Letters，2005，87（1）：113－119.

［42］ R. K. Turner，R. Salmons，J. Powell. A Craighill，Green taxes，waste management and political economy［J］. Journal of Environmental Management，1998，53（2）：121－136.

［43］ R. J. Clews. Chapter 13－Political and Environmental Risks，Tax and Insurance，Editor（s）：R. J. Clews，Project Finance for the International Petroleum Industry［J］. Academic Press，2016.

［44］ Salvatore Ercolano，Giuseppe Lucio Gaeta，Oriana Romano. Environmental tax reform and individual preferences：An empirical analysis on European micro data［J］. Journal of Behavioral and Experimental Economics，2014（51）：1－11.

[45] Samdruk Dharshing, Stefanie Lena Hille, Rolf Wüstenhagen. The Influence of Political Orientation on the Strength and Temporal Persistence of Policy Framing Effects [J]. Ecological Economics, 2017 (142): 295 – 305.

[46] Serhan Oksay, Emre Iseri. A new energy paradigm for Turkey: A political risk – inclusive cost analysis for sustainable energy [J]. Energy Policy, 2011, 39 (5): 2386 – 2395.

[47] Stefan Felder. Reto Schleiniger, Environmental tax reform: Efficiency and political feasibility [J]. Ecological Economics, 2002, 42 (1 – 2): 107 – 116.

[48] Steffen Kallbekken, Håkon Sælen. Public acceptance for environmental taxes: Self – interest, environmental and distributional concerns [J]. Energy Policy, 2011, 39 (5): 2966 – 2973.

[49] Steffen Kallbekken, Stephan Kroll, Todd L. Cherry. Do you not like Pigou, or do you not understand him? Tax aversion and revenue recycling in the lab [J]. Journal of Environmental Economics and Management, 2011, 62 (1): 53 – 64.

[50] S. Kallbekken. Public Acceptability of Incentive – Based Mechanisms [A] // Jason F. Shogren. Encyclopedia of Energy, Natural Resource, Environmental Economics [Z] . Elsevier, 2013: 306 – 312.

[51] Thomas P. Lyon, John W. Maxwell. Self – regulation, taxation and public voluntary environmental agreements [J]. Journal of Public Economics, 2003, 87 (7 – 8): 1453 – 1486.

[52] Thorsten Bayındır – Upmann, Matthias G. Raith. Should high – tax countries pursue revenue – neutral ecological tax reforms? [J]. European Economic Review, 2003, 47 (1): 41 – 60.

[53] Todd L. Cherry, Steffen Kallbekken, Stephan Kroll. The impact of trial runs on the acceptability of environmental taxes: Experimental evidence [J]. Resource and Energy Economics, 2014 (38): 84 – 95.

[54] Toke Skovsgaard Aidt, Jayasri Dutta. Transitional politics: Emerging incen-

tive – based instruments in environmental regulation [J]. Journal of Environmental Economics and Management, 2004, 47 (3): 458 –479.

[55] Toke S. Aidt. Green taxes: Refunding rules and lobbying [J]. Journal of Environmental Economics and Management, 2010, 60 (1): 31 –43.

[56] Toke S. Aidt. Political internalization of economic externalities and environmental policy [J]. Journal of Public Economics, 1998, 69 (1): 1 –16.

[57] T. S. Aidt. Political Economy of Instrument Choice [J] . Reference Module in Earth Systems and Environmental Sciences, 2015 (38): 132 –142.

[58] Vincent Anesi. Earmarked taxation and political competition [J]. Journal of Public Economics, 2006, 90 (4 –5): 679 –701.

[59] Wallace E. Oates, Paul R. Portney. Chapter 8 – The Political Economy of Environmental Policy [J]. Handbook of Environmental Economics, 2003 (1): 325 – 354.

[60] Zachary S. Brown, Nick Johnstone. Better the devil you throw: Experience and support for pay – as – you – throw waste charges [J]. Environmental Science & Policy, 2014 (38): 132 –142.

第六章　研究评述和政策建议

【内容提要】本章对第二章、第三章、第四章、第五章梳理的文献进行评述，指出相关研究的贡献与不足，大胆预测未来研究的方向和重点，并就相关研究对政策实践的启示做进一步的阐述，对我国环境税制度的改革和完善提出政策建议。

【关键词】文献评述；研究展望；政策启示；政策建议

一、环境税规制点源污染的研究评述与政策建议——基于市场结构的视角

（一）研究评价

第一，既有的研究过度关注“双重红利”效应。笔者认为，研究者们对于环境税是否具有“双重红利”效应的争论，其实际意义很有限。首先，“双重红利”并没有在学界形成统一的定义，一般都将环境税在改善环境的同时提高经济

效率、促进社会福利和公平的效应笼统地称为“双重红利”。对于“双重红利”的界定不同，同样的研究可能导致不同的结果。其次，不同的研究者采用的研究方法、模型假设等都不尽相同，结论自然千差万别。尤其是实证研究方面，即便方法、模型完全相同，但采用的数据统计口径不同，结论也会有所差别。因此，研究者们从不同的角度对一个本身就存在不确定性的概念进行争辩，并没有太大的实际意义。研究者们应当更加务实地考察环境税对环境、经济和社会等各方面的影响，而不是无休止地对某一个观点进行争论。

第二，目前有关环境税效应的研究主要是理论预测和事后实证，事前的实证模拟较少。理论预测方面，一般都采用数理模型，研究在特定假设条件下环境税对环境、经济和社会的影响，也就是研究环境税“会怎么样”；事后实证方面，主要是利用某个国家或地区实施环境税后的相关数据考察环境税对环境、经济和社会等的效应，也就是研究环境税“怎么样”了。实证研究虽然明确了环境税实施的效应，但却是事后的评估，如果环境税改革导致了很多负面效应，改革成本很高，这些研究就于事无补，其实践意义大打折扣。理论研究虽然具有预测的作用，可以对政府决策起到引导作用，但这些研究往往忽略掉了特定经济体的一些特征，对这些国家环境税改革的指导意义有限。对于现实经济最具有指导意义的“事前实证模拟”研究相对较少，这也是今后研究的一个重要方向。

第三，目前有关环境税效应的研究往往站在政府政策制定的立场，考察环境税的宏观影响，却很少从消费者、生产者的立场出发，研究他们对环境税改革的行为反应，并为他们提供行为建议，以最大限度地保证他们的效用和福利。环境税改革虽然是由政府主导的，但必须得到企业和居民的积极配合才能取得良好的效果；因而，从消费者和生产者角度对环境税改革进行的研究有待进一步加强，以期发挥其积极的引导作用，提高环境税改革的实际效果。

第四，目前关于环境税效应的研究大多是在特定的市场结构框架下进行。通常来说，完全竞争市场结构下，宏观经济模型和 CGE 模型能够发挥较大的作用；但在垄断、寡头垄断等市场结构下的相关研究通常都采用微观经济模型进行研究。这实际上就造成了不同市场结构下环境税效应的研究出现断层现象，各种市场结构下的研究的相关性和连续性不强。

（二）研究展望

我们大胆预测，今后环境税效应的相关研究将表现出以下几个趋势：

第一，“双重红利”概念将逐渐淡化，相关研究将更加务实地从理论上或经验上考察环境税对环境、经济、社会及其他方面的影响。对“双重红利”效应的过度关注，可能要求研究者在对现实经济的假设、模型设定等方面都做出妥协。但是，所有有关经济的研究，其最终目的就是为现实经济提供决策建议。

第二，在模型应用方面，目前的主流是 CGE 模型，今后将向宏观和微观两个方向发展，并且更加注重对经济的“事前实证模拟”。在宏观方向，研究将更多地将投资、消费、消费者效用等纳入模型中，考察环境税对宏观经济的影响；在微观方面，研究将更加精确地考察环境税对微观经济主体的福利及行为的影响。同时，CGE 模型将会越来越复杂，需要借助计算机技术才能完成对现实经济进行模拟、仿真研究，尤其是在涉及大型 CGE 模型时，计算机技术将发挥更大的作用。不论采用什么模型技术，环境税的研究都将更加贴近各国经济特征的现实，更多地采用“事前实证模拟”，以便为各国政府的环境税改革提供政策建议。

第三，环境税效应的研究将更加贴近经济现实，并与各国的政策制定密切相关。一个很好的例子就是，日本、中国台湾等发达国家和地区在过去的十多年内积极探索公共企业私有化改革，但同期进行的还有环境税改革，为了评估改革的影响，许多学者开始将公共企业私有化改革纳入到环境税改革中（Ohori，2004；Beladi and Chao，2006；Ba′rcena - Ruiz and Garzo′n，2006；Wang and Wang，2009），考察私有化改革对环境税效应的影响。实际上，这个方面的研究对中国的国有企业改革和环境税改革具有重要的理论和实践意义。自 20 世纪 90 年代开始，中国对国有企业进行了股份制改革，一些问题得到解决，但新的问题又出现了。2000 年以来，中国又开始研究实施环境税改革，两种改革同时进行会产生什么效应，并没有太多的研究。因而，这是今后中国环境税研究的一个重要

方向。

第四，环境税效应的研究将更加关注其对消费者、生产者等经济主体的行为影响以及这些主体行为改变又如何反馈环境税改革的效应。在这个方面，行为经济学、心理学等学科可能会融入到环境税的研究当中。

第五，今后的研究将更加注重各种市场结构下环境税效应研究的相关性和连续性，探索建立在多种市场结构下都能使用的环境税模型。当然，这也意味着环境税模型的复杂化。在这个方面，今后的研究将往以下几个方向发展：①通过市场中的供给方（产品供给方、劳动力供给方等）和需求方（消费者、劳动雇佣者等）的数量变化将各种市场结构联系起来。这个方向的趋势已经在不完全竞争产品市场结构下的相关研究中初露端倪。Dasgupta，Hammond and Maskin（1980）、Kwerel（1977）、McKitrick（1999）等已经在这方面做了先驱性的探索，他们将市场主体（寡头企业）的数量引入到污染控制机制中，并开始尝试研究在长期中厂商数量变化对污染控制机制（排污税或排污许可）效应的影响。②对于特定的环境税制度，研究不同市场结构对其效应的影响，即比较研究各种市场结构下某种环境税制度的效应。如 Böhringer，Löschel 和 Welsch（2008）关于开放经济下的市场结构变化如何影响环境税效应的研究，可能就代表了未来这一领域的发展方向。

第六，通常来讲，各国政府都只关注环境税的国内效应，而不太注重环境税的国际影响。随着世界经济的一体化和区域一体化的发展，环境税可能在一个更广的区域范围内统一实施，因而有必要研究跨国环境税的效应。在这个方面，欧盟等国际组织已经做出了先驱性的尝试。相信今后关于环境税效应的相关研究将向国际视野方向发展。

二、环境税规制点源污染的研究评述与政策建议——基于 CGE 模型的视角

（一）研究评述

从现有文献的情况看，运用 CGE 模型分析环境税改革"双重红利"假说的研究，仍然还有很长的一段路要走，还有很多的后续工作要做。现有文献最大的不足表现在两个方面：第一，相关研究不足。现有的文献数量远远不够，还需大量的研究人员和研究精力投入，否则该领域的理论研究可能在长期内滞后于环境税改革实践的需求。第二，相关研究缺乏继承性。受限于现有研究的数量，每一项研究都表现出很强的异质性，与其他研究之间的理论继承性体现得不够，尚未形成一条比较清晰的、主流的研究发展脉络。

就现有的主流文献看，不论是理论研究还是实证分析，都普遍认同环境税改革对环境改善的积极效应，有关"双重红利"假说的质疑和批评主要集中在非环境红利上。在经济红利方面，一个最大的质疑就是环境税改革用一种税基更窄的税种去替代一种（或多种）税基很广的税种，很可能引致行为改变以逃避税收义务，并限制环境税实现经济红利的可能性，进而降低获得"双重红利"的概率，这一批判环境税改革的观点源于 Goulder、Bovenberg、Parry 等经济学家的研究。但是，必须指出的是，即便是批判环境税的很多经济学家，都对环境税的环境效应给予了认可，他们认为环境税的环境收益很可能超过非环境成本，因而，实施环境税改革并对其收入进行返还，无论如何都比先前的状态更好（Goulder，2013），从整个社会的角度而言都是一种"帕累托改进"。此外，多数关于"双重红利"假说的批评都可以通过税收制度目标和设计的考量予以解决。

关于环境税的目标，绝大部分的研究集中于碳税和能源税的分析，这就意味着税收制度对特定经济主体的关注。然而，有许多不同类型的环境和资源问题可以通过一系列综合性的环境税改革予以解决，并同时提高环境税的非环境效应，进而提升“双重红利”的可能性。实际上，从前文的综述中可以看到，“双重红利”效应的实现还依赖于很多其他因素，如税制结构、个人和集体偏好、要素流动性、要素替代性等。将环境税收入用于社会保险税、资本要素税和所得税时，环境税改革获得“双重红利”效应的可能性更大。通过一次性转移支付返还环境税收入，是环境税改革最为糟糕的政策选择。同时，与美洲国家相比，欧洲国家的环境税改革更容易获得“双重红利”效应。

从第三章的综述中可以得到两个基本结论：第一，环境税改革改善了环境。几乎所有的研究都认为环境税改革改善了环境质量，而这正是环境税改革的制度目标。第二，环境税改革“双重红利”假说的第二重红利，即非环境红利（表现为经济效率和社会福利的提升），仍然存在争议。前文所述的文献中，大概55%的研究发现存在“双重红利”效应，但仍有45%的研究认为“双重红利”效应并不存在。尽管相关研究并没有形成主导性观点，但可以肯定的是，在一定的经济制度条件下，通过科学合理的制度设计，环境税改革“双重红利”假说是可能实现的。一些批评“双重红利”假说的经济学家甚至也赞同推行环境税改革，正如 Glomm 等（2008）指出的那样，这种观点可以用 De Mooij（2000）的一句话来总结——“虽然第二重红利可能仍然存疑，但第一重红利（即得到更为清洁的环境）却成为了引入排污税的一个强有力的理由”。

特别值得一提的是，前文分析了有关中国环境税改革的 CGE 实证研究，其结论差异比较大，在“双重红利”效应是否存在这一问题上莫衷一是。背后潜在的原因可能有以下几个方面：第一，中国各地经济社会发展不平衡不充分的矛盾比较突出，东中西部地区市场效率、产业结构、发展水平差异较大，如果用某一个模型某一种方法进行笼统分析，可能得出的结论并不清晰，这一点已经可以从李虹和熊振兴（2017）等的研究中看出端倪。第二，中国人口众多、产业复杂，税收制度对经济增长、产业转型、就业民生的影响机制复杂，同时由于当前的税收治理能力不足、税收制度体系存在诸多问题，各个税种之间的相互作用可能让环境税改革的政策效应变得更加不确定。第三，环境税制度设计对于环境税改革的效应具有重要影响，不同的制度政策可能出现不同的改革结果。特别是环境税收入的返还方式不同，可能导致环境税的效应迥异，如环境税收入用于增值税减税和所得税减税，其效应必然差异很大。很多实证研究发现，在特定的环境税改革方案下，环境税在不同地区、不同产业、不同群体、不同期间的效应都是不同的，即环境税改革的效应在时间和空间两个维度存在差异，“双重红利”可以通过差异化的制度实施而普遍实现。这对于中国环境税改革的启示就是，应当科学地进行改革顶层设计，理性地设定制度，充分考虑中国各地发展不平衡的问题，不断完善环保税税制要素，并在具体征收中实施差异化政策，让环保税制度最大限度地保护环境，最大限度地获得非环境红利。事实上，2018 年 1 月 1 日起开征的环保税，就是秉持这一理念，赋予各地较大的自主权，由各省市在税法规定的税额幅度内自行确定本地区环保税具体适用税额。

（二）政策启示

根据以上分析，我们还可以得出如下启示：第一，正确的制度设计和政策执行可以让环境税更加积极地影响环境质量，并提升经济层面的效率，包括对就业水平的提升。环境税改革的制度设计必须基于经济结构和事先存在的税制结构，这样才能提高获得“双重红利”效应的可能性。因此，从本质上说，关于“双重红利”假说的争论，不是“双重红利”是否存在的问题，而是如何科学地设计环境税制度和改革方案以获得“双重红利”的问题。实际上，税收制度的设计、税收收入的返还方式存在很多种可能和组合，现有的研究只是假设并分析了其中很有限的一些政策情境。就中国的环境税改革而言，环保税制度的健全完善应当是一个动态的过程，一方面要根据理论研究成果及时关注相关的问题，另一方面要根据政策执行过程中的情况反馈，正确认识和冷静对待存在的各种矛盾，并采取相应的措施对制度政策和征收管理进行相应的调整，并逐步完善相关的配套制度建设，让环保税最大限度地发挥保护生态环境、建设生态文明的积极作用。第二，未来的研究需要重点关注环境税改革效应的动态均衡问题。环境税有望减少污染排放、节约资源使用，因而，环境税的税基在未来可能是逐渐缩小的。但是，这种效应可能会同时减少环境税收入，进而影响“双重红利”的可能性，因而必须在理论研究中将这一因素纳入分析。同时，在实践制度层面，为了避免这一效应，应当每隔一定时间（如三年）对税制要素做出调整，以使环境税收入保持基本稳定。

三、环境税规制面源污染的研究评述与展望

（一）国内外研究对比

事实上，Segerson 机制、Xepapadeas 机制是环境税规制面源污染的基准模型，国外有关环境税规制农业面源污染问题的文献，一般都以其为基础进行引申、拓展和深化。从后续的文献看，体现出以下几大特征：第一，比较研究是一大亮点。很多文献对不同类型的环境税征税机制（包括标准的环境税/补贴机制、环境税机制、排污税机制等）和集体罚款、随机罚款、排污收费等规制政策的有效性和效率性进行比较分析。第二，研究方法逐渐多元化（周志波和张卫国，2018）。早期的研究主要沿用点源污染治理领域的最优化等方法，后来逐渐转向关注微观决策层面的面源污染主体行为制度经济学分析，再后来逐渐引入实验经济学的方法观测污染个体的行为模式和环境税规制的内在机理和传导机制，使得理论研究更加切合经济运行的实际，反映政策运行的情况（吕耀，1998）。

我国对于农业面源污染的规制研究，远远滞后于发达国家，现有研究主要从

工程、技术和农学的角度分析农业面源污染规制问题（尚丽丽，2012；李传桐和张广现，2013；杨丽霞，2014）。从工程技术、农业科学的角度提供一种新的生物技术、栽培方法等，可能在短期内对于解决某一领域的农业面源污染问题具有比较显著的作用，但从国家治理和环境规制的角度而言，这些技术除非能够广泛运用，否则缺乏制度和政策层面的意义。近年来，随着环境问题得到越来越多的关注，环境经济领域的理论研究快速发展，有关环境税规制农业面源污染的文献也在逐步增多，为后续的理论研究和改革决策奠定了较好的基础。实际上，这一领域的研究已经得到了政府的关注，多名全国人大代表、政协委员提议加强农业面源污染治理，农业部在 2012 年也提出推进农业清洁生产、加强农业面源污染防治。全国人大在 2016 年 12 月审议通过《环境保护税法》，直接推动了环境税改革进程，我国于 2018 年 1 月 1 日开征环保税，将农业规模化畜禽养殖带来的面源污染问题纳入环保税征税范围。此后，中央在 2017 年 10 月又发布《关于创新体制机制推进农业绿色发展的意见》，明确要求高度关注农业面源污染问题，并持续创新制度机制，解决农业面源污染问题，助力农业供给侧结构性改革，促进农业绿色发展、可持续发展。

但是，相比国外的理论研究，国内研究存在明显的短板和不足。第一，研究内容方面，大多数还停留在比较初级的阶段，对农业面源污染问题的认识、环境规制政策的基本取向等探讨得比较多；但对于环境税规制农业面源污染的一些具体的技术细节研究得较少、分析得不深，相关的基础研究还远远不够。例如，梁流涛、曲福田和冯淑怡（2013）重点围绕农业面源污染的界定问题，对其基本特征、污染类型、核算方法以及形成机理做了较为深入的分析，但也并未涉及环境税规制相关的核心理论和技术问题。李正升（2011a，2011b）认为，农业面源污染具有六大典型特征，并且针对不同的特征应当实施不同的环境经济政策。他认为，农业面源污染的随机性和不确定性两大特征，加上污染源的分散性特征，让环境税机制对于其规制具有较强的针对性和适用性，并进一步基于外部性理论推导了环境税规制农业面源污染的激励传导机制，这在基础研究领域算是一个进步。但是，有关环境税规制农业面源污染的机制和效应，基础性理论研究远远不

够，特别是对于如何科学设计环境税政策，让这种激励机制在农业面源污染领域发挥作用，相关研究还有很长一段路要走。第二，研究范式和分析方法方面，大多采用规范分析的范式，定性分析较多、定量分析很少。周志波和张卫国（2017）认为，国内现有研究从经济伦理上论证利用环境税工具治理农业面源污染的可行性，主要解决环境税改革“应该怎么样”的问题，缺乏基于一定的经济学方法，对环境税作用于农业面源污染的效应和机制进行定量分析和实证检验的研究，环境税改革对于农业面源污染“会怎么样”的问题解决得不够好。司言武（2010）是为数不多的对环境税规制农业面源污染效应进行定量分析和实证研究的学者之一，他在分析我国现有的农业面源污染规制政策缺陷的基础上，提出用征收污染产品税的方案来解决目前的农业面源污染问题，并对农药和化肥等主要污染物质设计了污染产品税税率，力求以最小的征管成本、高效率地达到科学合理的环境目标。第三，研究结果方面，一般的文献都认可环境税对减少农业面源污染、改善生态环境的积极作用，也有一些分析认为环境税甚至可以在农业面源污染规制过程中产生“双重红利”效应，但这些结论仅仅是理论上的一种观点，并没有严格精确的数学和经济学论证。张巨勇（2008）认为，环境税治理农业面源污染是有效的，不仅能够减少面源污染排放及其造成的环境损害，还可能同时获得如经济效率提升、技术变革加速、社会福利增进的附加效果，这实际上就是一种“双重红利”效应。不过，这一观点并未得到数学和经济学意义上的严格论证，仅仅算是一种理论假说。王慧（2011）指出，从环境保护的角度来看，环境补贴与环境税具有同等的环保功效，但对于“同等的环保功效”并未明确予以界定（周志波和张卫国，2017）。

（二）相关研究的贡献

环境税规制污染问题的有关研究最早起源于 Kneese（1967）、Tullock（1968）等关于水资源问题的关注（刘晔和周志波，2010，2011，2015；刘建徽、周志波和刘晔，2015；周志波、张卫国和刘晔，2016）。此后，环境税的相关文献大量涌现，其理论成果在世界各国先后付诸实践，自 20 世纪 90 年代开始的环境税改革就是理论成果转化为制度实践的成功代表（刘建徽和周志波，2012，2013）。但是，大部分研究特别是早期的研究基本只关注工业污染排放等点源污染问题，而对面源污染问题的关注不够。这可能主要源于两个方面的因素：一方面，面源污染具有不同于点源污染的特征，其分散性、随机性和不易观测性等因素使得面源污染的规制问题更为复杂，在点源污染问题的研究不够成熟的背景下，分析面源污染问题具有较大的难度；另一方面，从技术层面讲，由于不对称信息、道德风险、合作共谋、风险偏好等因素的存在，环境税规制面源污染的数理经济模型构建比较困难，即便能够建立数理模型，但模型结论可能在经济学上没有任何意义，更难以解释现实的问题，这在很大程度上限制了环境税规制农业面源污染的相关研究的深入发展。直到 Plott（1983）关于税收和交易外部性机制的开创性研究为面源污染规制机制的构建奠定了理论基础，Segerson（1988）等学者建立了环境税规制面源污染的激励机制（即 Segerson 机制），有关环境税与农业面源污染治理的研究才得以迅速发展，并取得了比较丰硕的成果。目前，在环境规制领域，关于环境税规制农业面源污染的文献越来越多，也取得了一些新的突破，且在学术界赢得了越来越多的重视，为后续研究积累了理论基础，并铺平了道路。周志波和张卫国（2017）指出，这些研究从理论和实证方面简要地分析了环境税减少农业面源污染的理论机制，并普遍认为环境税具有积极的生态环境效应，从理论上认可了环境税应用于农业面源污染规制的可行性，为建立更为完善的理论分析框架提供了逻辑起点和新的思路。相关研究大胆地对农业面源污染主体进行了抽象假设，并建立了一些数理模型，用数学逻辑推理推导了环境税控制农业面源污染的作用机理，让相关的研究结论论证更加严密、更具有可信性（周志波和张卫国，2018）。同时，新近研究将农业面源污染主体风险偏好、异质性等因素纳入分析框架，使得相关的研究更加精细，结论更加有力。

总体上看，有关环境税规制农业面源污染的研究在以下几个方面做出了较大的贡献：第一，将税收规制污染问题的激励机制由点源污染向面源污染领域拓展，并从理论上论证了环境税（排污税）或税式支出（补贴）机制对于面源污染问题有效，并在制度和政策层面具有可操作性。第二，鉴于面源污染独有的分散性、随机性、不确定性、不易观测性等特征，从不对称信息问题入手考虑数理模型构建，成功地解决了环境税规制面源污染面临的激励不相容问题，并论证了通过合理设计制度要素，环境税在面源污染治理领域具有效率。第三，随着理论研究的逐步深入，学者们将道德风险、风险偏好、合作共谋等因素逐步纳入分析框架，让经济模型更加贴近经济运行实际，并在更加贴切的假设基础上，证明了环境税是规制农业面源污染问题的合意政策工具，特别是引入合作共谋因素后，很多研究实现了面源污染者个人理性和集体理性的激励相容、经济效率和社会福利的激励相容。第四，鉴于在现实世界特别是在存在不遵从问题的地区，并不存在真实的数据表明农业面源污染者如何对环境政策机制做出何种反应（Alm et al.，1992；Shortle and Horan，2001），近年来有关环境税规制农业面源污染的相关研究逐步引入实验经济学的研究方法，从行为经济学和心理经济学的角度，在实验室条件下模拟环境税规制农业面源污染机制的运行情况，让研究结论更具有科学性和可靠性，并在一定程度上回应了关于环境税规制农业面源污染问题的质疑。设计得当的实验至少可以揭示人们是否认同并采取与经济学理论一致的行为，以应对这些政策激励。如果农业面源污染主体没有像经济学理论预测的那样对政策激励做出反应，那么，就应该怀疑所运用的经济理论在解释和预测污染主体行为方面的能力和有效性。正如 Vossler 等（2006）所强调的那样，实验也可能对理论模型的假设条件的适切性做出提示，并提出政策修改建议以避免该领域的潜在问题。

（三）相关研究的不足

在肯定研究进展和贡献的同时，必须认识到现有的研究也存在很多不足和问题。这些不足主要表现在以下几个方面：

第一，一般的文献在理论研究方面假设过于简单化、理想化，特别是对农业面源污染主体的目标函数和行为模式假设过于简单粗放，与经济实践中的运行情况存在的差异较大，甚至可能完全相反，这让相关的研究结论的可信度大打折扣。例如，就我国的实际情况而言，如果简单套用西方经济学关于“理性经济人”的理论，假设农业面源污染排放主体（多数情况下是农民或者农业合作生产组织）的经济目标就是实现利润最大化，可能会出现偏差，造成理论与实践的脱节。

第二，很多文献无法将产品市场和污染规制同时纳入分析框架，一般的研究都为了便于分析不考虑面源污染者产品市场结构的问题，弱化了研究结论的说服力，影响理论研究向政策实践的转化。实际上，产品市场结构（或者说产品市场的寡头、垄断等市场势力因素）、产品市场和销售收入的不确定性等因素，与政策制定者的工具选择和污染者的生产排放选择可能都高度关联，并对环境税机制规制农业面源污染的效率和机理具有重要的影响。正如 Chambers 和 Quiggin（1996）所强调的，产出的不确定性可以显著地影响面源污染排放水平，这一点是研究者不容忽视的。

第三，环境税规制农业面源污染的研究从不对称信息问题取得突破，但一般的文献主要考虑纵向信息不对称（规制者与污染者之间的信息不对称），而几乎不考虑横向信息不对称（污染主体之间的信息不对称），但在现实经济运行中，纵向和横向的信息不对称问题同时存在，忽略横向信息不对称的研究结论在可靠性方面有所局限。

第四，现有的研究一般假设农业面源污染者是同质的，这种同质主要包括产品同质、风险偏好同质、行为决策同质等，很少考虑面源污染者之间的异质性问题，进而让分析模型和框架更加贴近实际经济运行（Babotyagov，Valcu and Kling，2012；Cochard，Gallo and Franckx，2014；Horan and Shortle，2017）。特别是几乎所有的研究都简单假设所有污染对环境的边际损害都相同，但实际上，多数农业面源污染物质对环境的边际损害相差很大；同时，多数研究假设农业面源污染物对环境的损害是线性的，即边际损害为常数，很少有研究考虑污染物对环境的边际损害递增问题（周志波和张卫国，2017）。

第五，虽然实验经济学方法的引入让农业面源污染规制相关的研究取得了新的突破和进展，但由于这一方法对实验条件、实验设计等的要求很高，相应的研究成本也比较高，在一定程度上制约了实验经济学方法在这一领域的应用和发展。

第六，相关研究都假设所有的农业面源污染都可以通过环境税实现减排，但在现实经济中，不同面源污染物的使用弹性是不相同的，有的污染要素投入具有较强的刚性特征。同时，很多研究忽视了一些农业面源污染物对于环境的损害具有不可逆性，没有充分考虑补充性政策措施对这类面源污染物的防控作用（周志波和张卫国，2017）。

第七，现有文献在基础理论研究方面，一般通过建立结构复杂的数理模型，推导分析环境税规制农业面源污染的机制和效应，在效应分析方面重点关注环境效应，即环境税制度的实施对面源污染减排的影响或者对环境质量的改善。但是，对于环境税在实现环境政策目标的同时，对经济增长、工人就业、社会福利等是否有影响以及影响有多大，关注得不够、分析得不深。特别是在点源污染规制领域的研究，很多会分析是否存在“双重红利”效应，但在面源污染规制领域的研究，却很少直接分析“双重红利”效应的可能性。尽管国内的一些研究，提出了“双重红利”的概念，但几乎没有从理论上进行严格的推导和证明。周志波和张卫国（2017）认为，这可能有两个方面的原因：一方面，有关环境税控制农业面源污染的研究尚不成熟，相关的理论基础相对欠缺；另一方面，农业面源污染问题有其复杂性，建立数理模型分析框架比较困难，从而影响了相关研究的推进。

（四）今后研究的方向

现有的文献在论证环境税规制农业面源污染的有效性、可操作性问题上取得了重要的成就，并且在揭示环境税机制如何通过解决不对称信息、逆向选择、道德风险等问题的基础上对面源污染主体的行为进行引导进而达到减污控污目的方面，做出了不小的贡献。总体而言，既有文献的贡献是主要的，但也存在一些需要持续深入和改进的方面。我们认为，今后的研究应当重视五个方面的问题：第一，重新审视基础的理论假设，如农业面源污染者以利润最大化为目标，可以引入实验经济学的研究方法，论证农业面源污染者的目标函数，让整个研究建立在更加坚实的理论基础之上。第二，农业面源污染的异质性问题未得到足够的关注，但异质性问题对于研究结论的影响十分重要，可以逐步放松农业面源污染者同质性的假设，拓展研究的广度和深度。第三，环境污染损害函数的非线性因素考虑不够，可以尝试由线性环境损害函数向非线性环境损害函数的拓展深化。第四，农业面源污染者之间的横向信息不对称问题分析得不够，应当同时关注纵向信息不对称和横向信息不对称问题对环境税规制效率的影响。第五，环境税规制农业面源污染的环境效应得到比较深入的研究，解决了环境税规制的有效性问题，但环境税规制政策的非环境效应分析得较少，相关研究值得深入下去，环境税规制农业面源污染会对产出、技术进步、社会福利造成怎样的影响，应当是一个值得关注的问题。

可以大胆预测，未来有关环境税规制农业面源污染的研究将在以下几个方向取得新的突破：一是实验经济学的研究方法和分析范式大有可为。采用实验经济学的方法，对农业面源污染者的沟通协作、合作共谋等行为进行研究，有很大的应用空间，并且可能获得一些意想不到的结果。二是内生化外生变量是该领域研究的一个重要发展方向。特别是对古诺竞争、合作共谋等一些原本假设具有外生性的变量和因素，内生化于理论模型之中，可以更加贴近经济的实际运行情况，并且能够更为深入地分析环境税规制农业面源污染的激励传导机制。三是政策机制对经济行为的“反馈效应”是一个值得深入探讨和研究的领域。考虑到环境税制度的“反馈效应”（interaction effects），研究环境税机制是否还会引致农业面源污染者行为模式的改变，以及会在何种程度上影响被规制者的决策行为。

四、环境税规制污染问题政治经济学研究评述和展望

任何一项制度或政策，不仅要关注其在实体层面对外界的效应问题，更要关注其程序层面自身的设计问题，制度和政策的政治可行性（political feasibility），在本质上就是一个程序性问题。制度和政策的政治可行性是其出台实施并正常运行的基本前提，只有被政府、公众和社会广泛认同、共同接受的制度和政策才有现实的生命力，才有实现政策目标、保障公众共同利益的可能性。换言之，制度和政策的政治可行性是其有效性的基础和前提。

长期以来，有关环境税的研究在分析环境税改革的政策效应、预测环境税改革对经济的影响、模拟环境税运行的效果等方面取得了丰富的成果，但对于环境税本身的关注仍然不够，一方面表现在对环境税制度本身的程序性问题关注不够，另一方面表现在对环境税政策的政治、社会、文化等维度研究不多。换言之，早期研究的焦点在于环境税会对经济运行、社会公平等产生什么影响，强调其对外界的作用；而对环境税自身的关注不多，特别是从政治经济学角度分析其决策程序、政治可行性、影响其实施的因素等方面还存在短板。理论界从政治经济学的角度，对环境税的政治可行性问题给予高度的关注，本身是这一领域研究的一个重要突破和进展，符合理论研究的特点和规律，也取得了一些不错的成果。

总体而言，现有的关于环境税政治可行性影响因素的研究，在以下几个方面做出了贡献：第一，在环境政策和公共财政视角之外，引入了环境税研究的第三种视角——政治经济学框架，为环境经济学的发展做出了贡献。第二，从关注环境税对外界的影响，转向研究环境税自身的可行性问题，让有关环境税的研究沿着“由外向内、由表及里”的方向发展，有利于发现更深层次的本质问题。第三，为进一步研究如何提升环境税的政治可行性，进而为环境税改革决策提供建

议，奠定了较为坚实的研究基础。但与此同时，现有的研究也还存在一些局限性，最明显的不足在于两个方面：一是对于相关因素在多大程度上影响环境税的政治可行性，缺乏比较深入的研究；二是对于如何在政策实践中避免决策失误、提升环境税的政治可行性，尚无比较系统的思考。可以大胆预测，这两个方面的缺陷即是未来研究的方向。

本章参考文献：

[1] Alm J., Jackson B., McKee M. Institutional uncertainty and taxpayer compliance [J]. American Economic Review, 1992 (82): 1018 - 1026.

[2] Barcena - Ruiz J. C. B., Garzon M. B. Mixed oligopoly and environmental policy [J]. Spanish Economic Review, 2006 (8): 139 - 160.

[3] Beladi H., Chao C. C. Does privatization improve the environment [J]. Economics Letters, 2006 (93): 343 - 347.

[4] Bovenberg A. L., Goulder L. H. Costs of environmentally motivated taxes in the presence of other taxes: General equilibrium analysis [J]. National Tax Journal, 1997 (50): 59 - 88.

[5] Bovenberg A. L., Goulder L. H. Environmental taxation and regulation [C] //A. Auerbach, M. Feldstein. Handbook of public economics. Amsterdam, North Holland: Elsevier, 2002: 1471 - 1545.

[6] Böhringer C., Löschel A., Welsch H. Environmental Taxation and Induced Structural Change in an Open Economy: The Role of Market Structure [J]. German Economic Review, 2008 (9 - 1): 17 - 40.

[7] Chambers R. G., Quiggin J. Non - point Source Pollution Regulation as a Multi - Task Principal - Agent Problem [J]. Journal of Public Economics, 1996 (59 - 1): 95 - 116.

[8] Cochard F., Gallo J. L., Franckx L. Regulation of pollution in the laborato-

ry: Random inspections, ambient inspections and commitment problems [J]. Bulletin of Economic Research, 2014 (67 - S1): S40 - S73.

[9] Dasgupta P., Hammond P., Maskin E. On imperfect information and optimal pollution control [J]. Review of Economic Studies, 1980 (47): 857 - 860.

[10] De Mooij R. Environmental taxation and the double dividend [M]. North Holland, Amsterdam: The Netherlands: Contributions to Economic Analysis, 2000.

[11] Glomm G., Kawaguchi D., Sepulveda F. Green taxes and double dividends in a dynamic economy [J]. Journal of Policy Modeling, 2008 (30 - 1): 19 - 32.

[12] Goulder L. H. Climate change policy's interactions with the tax system [J]. Energy Economics, 2013 (40): S3 - S11.

[13] Horan R. D., Shortle J. S. Endogenous risk and point - nonpoint uncertainty trading ratios [J]. American Journal of Agricultural Economics, 2017 (99 - 2): 427 - 446.

[14] Kwerel E. To tell the truth: Imperfect information and optimal pollution control [J]. Review of Economic Studies, 1977 (44 - 3): 595 - 601.

[15] McKitrick R. A Cournot mechanism for pollution control under asymmetric information [J]. Environmental and Resource Economics, 1999 (14): 353 - 363.

[16] Ohori S. Environmental tax, trade and privatization [J]. The Kyoto Economic Review, 2004 (73): 109 - 120.

[17] Parry I. W. H. Pollution taxes and revenue recycling [J]. Journal of Environmental Economics and Management, 1995 (29 - 3): s64 - s77.

[18] Plott C. R. Externalities and corrective policies in experimental markets [J]. Economic Journal, 1983 (93): 106 - 127.

[19] Rabotyagov S. S., Valcu A. M., Kling C. L. Reversing Property Rights: Practice - Based Approaches for Controlling Agricultural Nonpoint - source Water Pollution When Emissions Aggregate Nonlinearly [J]. American Journal of Agricultural Eco-

nomics, 2012 (96 -2): 397 -419.

[20] Segerson K. Uncertainty and incentives for nonpoint pollution control [J]. Journal of Environmental Economics and Management, 1988 (15 -1): 87 -98.

[21] Shortle J. S., Horan R. D. The economics and nonpoint pollution control [J]. Journal of Economic Surveys, 2001 (15): 255 -289.

[22] Vosseler C. A., Poe G. L., Schulze W. D., et al. Communication and incentive mechanisms based on group performance: An experimental study of nonpoint pollution control [J]. Economic Inquiry, 2006 (44 -4): 599 -613.

[23] Wang L. F. S., Wang J. Environmental taxes in a differentiated mixed duopoly [J]. Economic Systems, 2009 (33): 389 -396.

[24] 李虹，熊振兴．生态占用、绿色发展与环境税改革[J]. 经济研究，2017，52 (7)：124 -138.

[25] 李正升．不确定性条件下的环境经济政策选择：以农业面源污染控制为例[J]. 北方经济，2011b (11)：73 -74.

[26] 李正升．农业面源污染控制的一体化环境经济政策体系研究[J]. 生态经济（学术版），2011a (2)：254 -256.

[27] 梁流涛，曲福田，冯淑怡．经济发展与农业面源污染：分解模型与实证研究[J]. 长江流域资源与环境，2013 (10)：1369 -1374.

[28] 刘建徽，周志波，刘晔．“双重红利”视阈下中国环境税体系构建研究——基于国际比较分析[J]. 宏观经济研究，2015 (2)：68 -77.

[29] 刘建徽，周志波．环境税研究的效应发凡及其选择性引申[J]. 改革，2012 (3)：111 -116.

[30] 刘建徽，周志波．完全竞争市场中环境税效应研究文献述评[J]. 税务研究，2013 (5)：95 -97.

[31] 刘晔，周志波．不完全竞争市场结构下环境税效应研究述评[J]. 中国人口·资源与环境，2015，25 (2)：121 -128.

[32] 刘晔，周志波．环境税“双重红利”假说文献述评[J]. 财贸经济，

2010（6）：60－65.

［33］刘晔，周志波．完全信息条件下寡占产品市场中的环境税效应研究［J］. 中国工业经济，2011（8）：5－14.

［34］司言武．农业非点源水污染税收政策研究［J］. 中央财经大学学报，2010（9）：6－9.

［35］王慧．环境税的“双重红利”真的可能吗［J］. 当代财经，2011（4）：46－54.

［36］杨丽霞．农村面源污染治理中政府监管与农户环保行为的博弈分析［J］. 生态经济，2014（5）：127－130.

［37］张巨勇．环境税在农业面源污染控制中的应用［A］//农业部科技教育司，江苏省农林厅，苏州市人民政府．全国农业面源污染综合防治高层论坛论文集［C］. 农业部科技教育司，江苏省农林厅，苏州市人民政府，2008（5）：219－223.

［38］周志波，张卫国，刘晔．小型开放经济中环境税改革的效应研究［J］. 重庆大学学报（社会科学版），2016，22（5）：53－64.

［39］周志波，张卫国．环境税规制农业面源污染研究综述［J］. 重庆大学学报（社会科学版），2017，23（4）：37－45.

［40］周志波，张卫国．农业面源污染环境税规制机制研究进展［J］. 西南大学学报（社会科学版），2018，44（3）：43－51.